동양북스 외국어
베스트 도서
700만 독자의 선택!

새로운 도서,
다양한 자료
동양북스
홈페이지에서
만나보세요!

www.dongyangbooks.com
m.dongyangbooks.com

※ 학습자료 및 MP3 제공 여부는 도서마다 상이하므로 확인 후 이용 바랍니다.

홈페이지 도서 자료실에서 학습자료 및 MP3 무료 다운로드

PC

❶ 홈페이지 접속 후 도서 자료실 클릭
❷ 하단 검색 창에 검색어 입력
❸ MP3, 정답과 해설, 부가자료 등 첨부파일 다운로드
  * 원하는 자료가 없는 경우 '요청하기' 클릭!

MOBILE

* 반드시 '인터넷, Safari, Chrome' App을 이용하여 홈페이지에 접속해주세요. (네이버, 다음 App 이용 시 첨부파일의 확장자명이 변경되어 저장되는 오류가 발생할 수 있습니다.)

❶ 홈페이지 접속 후 ☰ 터치

❷ 도서 자료실 터치

❸ 하단 검색창에 검색어 입력
❹ MP3, 정답과 해설, 부가자료 등 첨부파일 다운로드
  * 압축 해제 방법은 '다운로드 Tip' 참고

일본어뱅크

NEW

일본어 기초와 말하기를 한 번에

다이스키 일본어

下

문선희·나카야마 다쓰나리·정희순·박영숙 지음

동양북스

일본어뱅크

NEW

일본어 기초와 말하기를 한 번에

다이스키
일본어 (下)

초판 6쇄 | 2024년 7월 1일

지은이 | 문선희, 나카야마 다쓰나리, 정희순, 박영숙
발행인 | 김태웅
책임 편집 | 길혜진, 이서인
디자인 | 남은혜, 김지혜
마케팅 총괄 | 김철영
온라인 마케팅 | 김은진
제　작 | 현대순

발행처 | (주)동양북스
등　록 | 제 2014-000055호
주　소 | 서울시 마포구 동교로22길 14 (04030)
구입 문의 | 전화 (02)337-1737　팩스 (02)334-6624
내용 문의 | 전화 (02)337-1762　dybooks2@gmail.com

ISBN　979-11-5768-554-7 14730
　　　　979-11-5768-552-3 (세트)

『NEW 다이스키 일본어』를 펴내면서 열정적으로 수업에 임했던 제 모습과 사랑하는 가족, 그리고 열정과 에너지의 원천이 되어 주는 학생들의 얼굴이 머릿속에 스쳐갑니다. 일본어를 가르치면서 느끼는 것은 일본어는 정말 매력 있는 언어라는 사실입니다. 외국어를 공부하는 것에 흥미를 갖고, 효과적인 방법을 통해 배운 내용을 꾸준히 연습한다면 실전에서 바로바로 꺼내 쓸 수 있는 유용한 언어가 될 것입니다.

이 교재는 실제 제가 일본어를 가르치는 현장에서 쌓은 경험을 바탕으로 학생들이 쉽게 이해하는 부분과 어려워하는 부분들을 자세히 분석하고 연구한 내용을 담고 있습니다. 그리고 기존의 '다이스키 시리즈'가 대학과, 학원 등에서 많은 사랑을 받았기에 『NEW 다이스키 일본어』를 통해 배운 내용을 바로 회화에서 활용할 수 있도록 본 교재와 워크북을 통해 말하기 부분을 추가하였습니다.

첫째, '독해·작문' 파트 중 '읽어 봅시다!' 부분은 원칙적으로 띄어쓰기가 없는 일본어 문장을 보고 자연스럽게 읽고 해석할 수 있는 능력을 향상시킬 수 있도록 하였습니다. '써 봅시다!' 부분에서는 수업 중 따라 하고 읽기는 하지만 직접 쓰는 것까지 체크하기에는 시간이 부족했던 점을 고려하여 각 과의 포인트 문장을 쓰고 말할 수 있도록 구성하였습니다.

둘째, '한자 연습' 파트 중 '한자 즐기기' 부분에서는 학생들이 가장 어려워하는 한자를 재미 있게 활용하여 한자에 대한 부담을 줄이고, 기본이 되는 한자에 다른 한자를 붙여 학생들의 한자 지식을 넓힐 수 있도록 하였습니다.

셋째, '회화 플러스' 파트에서는 본문 이외의 응용할 수 있는 회화 표현들을 중심으로 다뤘으며, 주요 회화 내용과 최신 어휘를 추가하여 일본어를 자연스럽게 받아들일 수 있도록 하였습니다.

아무쪼록 이 책을 학습하는 여러분께 좋은 효과와 발전이 있기를 바라고 교재를 위해 많은 도움을 주신 동양북스 관계자분들을 비롯한 많은 분들께 감사 드립니다. 또한 꾸준히 다이스키 일본어 시리즈를 애용해 주시는 많은 분들께 감사의 말을 전하며 마지막으로 일본어를 통해 만나 열정을 갖게 해 준 우리 학생들에게 감사의 마음을 담아 이 교재를 바치고 싶습니다.

저자 일동

차례

차례

부록

* 이 책의 MP3 파일은 동양북스 홈페이지(www.dongyangbooks.com) 도서 자료실에 접속하면 다운로드할 수 있습니다.

이 책의 구성과 학습법

포인트 스피치 ········

각 과의 주제와 관련된 내용을 스피치 형식으로 표현했습니다. 학습을 시작하기 전에 각 과의 학습 목표와 포인트 문법을 미리 살펴보고, 학습을 마친 후에는 일본어로 문장을 바꾸어 말해 보며 학습 성취도를 확인할 수 있습니다.

기본 회화

실생활에서 유용하게 쓰이는 문법과 주요 표현들을 단어 설명과 함께 실었습니다. 내용을 듣고 억양과 발음에 주의해서 반복 학습하면 좋은 효과를 얻을 수 있습니다.

문법 포인트 ········

각 과에서 다루는 포인트 문법으로, 문법에 관한 예문들을 다양하게 실었습니다. 우리말 해설이 없으므로 아래의 [낱말과 표현]을 참고하면서 공부하세요.

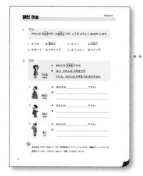

패턴 연습

문법 포인트에서 다룬 내용을 응용해 보는 페이지입니다. 다양한 단어와 화제를 바탕으로 문형을 연습하도록 합시다.

독해·작문

원래 일본어는 띄어쓰기가 없습니다. 다른 페이지는 학습 편의상 띄어쓰기가 되어 있지만, '읽어 봅시다'에서는 띄어쓰기 없는 문장을 연습하여 실력을 높일 수 있도록 하였습니다. 작문은 각 과를 배우고 난 후 주요 문법을 최종적으로 점검하는 페이지입니다. 우리말을 보고 일본어 문장으로 바꿔 보세요.

한자 연습

한자를 단어 그대로 외우기보다는 한자 하나를 가지고 몇 개의 단어를 만들 수 있다는 것을 보여 주어 응용력을 높여 줍니다. 또, 중요 한자를 직접 써 볼 수 있게 하였습니다.

듣기 연습

너무 복잡하지 않으면서, 본문과 문법 포인트에서 다룬 내용을 중심으로 구성된 듣기 연습 문제입니다.

회화 플러스

본문에서 다룬 회화 표현 이외의 응용 회화로 기초 단계에서 회화의 자신감을 키워 줍니다.

쉬어가기

일본어를 공부하면서 알아 두면 좋을 일본의 정보들을 실었습니다. 한 과의 학습이 끝나고 가볍게 읽어 보면서 일본어와 더불어 일본이라는 나라에 대해서도 더 깊이 알 수 있습니다.

01 今 何を して いますか。

지금 무엇을 하고 있습니까?

포인트 스피치 Track 01

오늘은 아침 일찍 일어나서 밥을 먹고(나서)
커피를 마시고 회사에 갔습니다.
일이 끝나고 나서 친구를 만나서 영화를 봤습니다.
영화는 참 재미있었습니다.

今日は 朝早く 起きて、ご飯を 食べてから

コーヒーを 飲んで 会社へ 行きました。

仕事が 終わってから 友達に 会って 映画を 見ました。

映画は とても おもしろかったです。

Track 02

田中 キムさん、ここで 何を して いますか。

キム 日本語の 宿題を して います。

田中 キムさんは 日本語を 習って いるんですか。

キム 来年の 4月に 日本へ 行く予定です。

田中 留学ですか。

キム はい、そうです。

毎日 MP3を 聞きながら 本を 読んで いますが、

日本語は やっぱり 漢字が 一番 難しいですね。

田中 難しい 漢字は 私に 聞いて ください。

宿題しゅくだい 숙제 | 習ならう 배우다 | 来年らいねん 내년, 다음 해 | 予定よてい 예정 |

留学りゅうがく 유학 | 毎日まいにち 매일 | MP3を 聞きく MP3를 듣다 | 本ほんを 読よむ 책을 읽다 |

やっぱり 역시 | 漢字かんじ 한자 | ～に ～에게 | 聞きく 듣다, 묻다

문법 포인트

1 동사의 て형 Ⅰ

1그룹 동사 **(5단동사)**		う・つ・る → って	会う → 会って
		ぬ・む・ぶ → んで	飲む → 飲んで
		く → いて	書く → 書いて
		ぐ → いで	泳ぐ → 泳いで
		す → して	話す → 話して
		★ 帰る → 帰って	★ 帰る → 帰って
	(예외)	★ 行く → 行って	★ 行く → 行って
2그룹 동사 **(상1단동사** **하1단동사)**		る + て	見る → 見て
			起きる → 起きて
			食べる → 食べて
			寝る → 寝て
3그룹 동사 **(カ행변격동사** **サ행변격동사)**		来る → 来て	来る → 来て
		する → して	勉強する → 勉強して

문법

~て います	~하고 있습니다	예 見て います
~て ください	~해 주세요	예 見て ください
~てから	~하고 나서	예 見てから

※ て형 활용 연습 (해답 16쪽)

의미	동사	て형	의미	동사	て형
사다	買う		기다리다	待つ	
쓰다	書く		이야기하다	話す	
읽다	読む		나가다	出る	
보다	見る		하다	する	
놀다	遊ぶ		되다	なる	
걷다	歩く		죽다	死ぬ	
쉬다	休む		찍다	撮る	
먹다	食べる		가르치다	教える	
헤엄치다	泳ぐ		오다	来る	
가다	行く		부르다	呼ぶ	
일하다	働く		마시다	飲む	
자다	寝る		듣다	聞く	
일어나다	起きる		만들다	作る	
만나다	会う		돌아오다(가다)	帰る	
타다	乗る		걸다	かける	
피우다, 빨다	吸う		씻다	洗う	

② 명사 · 형용사의 て형

① 명사의 て형 : 명사 + で

예 会社員 → 会社員で

私は 会社員で、 木村さんは 医者です。

② い형용사의 て형 : い + くて

예 おいしい → おいしくて

この 店は おいしくて 安いです。 (나열 · 열거)

暑くて ドアを 開けました。 (이유 · 원인)

③ な형용사의 て형 : だ + で

예 便利だ → 便利で

山田さんは まじめで 親切です。 (나열 · 열거)

ここの 交通は 便利で いいですね。 (이유 · 원인)

명사	예1 先生 → 先生で	예2 学生 → 学生で
い형용사	예1 おもしろい → おもしろくて	예2 難しい → 難しくて
な형용사	예1 にぎやかだ → にぎやかで	예2 静かだ → 静かで

店みせ 가게 | ドア 문 | 開あける 열다 | まじめだ 성실하다 | 親切しんせつだ 친절하다

3 ～て います ~하고 있습니다

学校の 前で 友達を 待って います。

映画館で 映画を 見て います。

図書館で 勉強して います。

ч ～て ください ~해 주세요

電話番号を 教えて ください。

写真を 撮って ください。

電気を つけて ください。

5 ます형 + ながら ~하면서

音楽を 聞きながら 歩きます。

テレビを 見ながら パンを 食べます。

ギターを 弾きながら 歌を 歌います。

映画館えいがかん 영화관 | 図書館としょかん 도서관 | 電話番号でんわばんごう 전화번호 |

電気でんきを つける 불을 켜다 | 音楽おんがく 음악 | 歩あるく 걷다 | パン 빵 |

ギターを 弾ひく 기타를 치다 | 歌うたを 歌うたう 노래를 부르다

문법 포인트

※ て형 활용 연습 해답

의미	동사	て형	의미	동사	て형
사다	買う	買って	기다리다	待つ	待って
쓰다	書く	書いて	이야기하다	話す	話して
읽다	読む	読んで	나가다	出る	出て
보다	見る	見て	하다	する	して
놀다	遊ぶ	遊んで	되다	なる	なって
걷다	歩く	歩いて	죽다	死ぬ	死んで
쉬다	休む	休んで	찍다	撮る	撮って
먹다	食べる	食べて	가르치다	教える	教えて
헤엄치다	泳ぐ	泳いで	오다	来る	来て
가다	行く	行って	부르다	呼ぶ	呼んで
일하다	働く	働いて	마시다	飲む	飲んで
자다	寝る	寝て	듣다	聞く	聞いて
일어나다	起きる	起きて	만들다	作る	作って
만나다	会う	会って	돌아오다(가다)	帰る	帰って
타다	乗る	乗って	걸다	かける	かけて
피우다, 빨다	吸う	吸って	씻다	洗う	洗って

패턴 연습

1.

보기

メールを 書^かく

A 今^{いま}何^{なに}を して いますか。

B <u>メールを 書いて います。</u>

1)

日本語^{に ほん ご}を 教^{おし}える

A 今 何を して いますか。

B ＿＿＿＿＿＿＿＿＿＿＿＿＿＿＿＿＿＿＿＿＿＿＿。

2)

パンを 作^{つく}る

A 今 何を して いますか。

B ＿＿＿＿＿＿＿＿＿＿＿＿＿＿＿＿＿＿＿＿＿＿＿。

3)

勉強^{べんきょう}を する

A 今 何を して いますか。

B ＿＿＿＿＿＿＿＿＿＿＿＿＿＿＿＿＿＿＿＿＿＿＿。

4)

犬^{いぬ}と 遊^{あそ}ぶ

A 今 何を して いますか。

B ＿＿＿＿＿＿＿＿＿＿＿＿＿＿＿＿＿＿＿＿＿＿＿。

メール 메일(mail) | 教おしえる 가르치다 | 作つくる 만들다 | 犬いぬ 개

패턴 연습

2. 보기

デパートへ 行く・かばんを 買う・映画を 見る
→ <u>デパートへ 行って かばんを 買って 映画を
見ました。</u>

1)

図書館へ 行く・本を 読む・宿題を する

→ _____。

2)

友達に 会う・コーヒーを 飲む・話す

→ _____。

3)

カラオケへ 行く・歌を 歌う・踊る

→ _____。

ㄴ)

家へ 帰る・夕ごはんを 食べる・テレビを 見る

→ _____。

図書館としょかん 도서관 | 宿題しゅくだい 숙제 | 友達ともだちに 会あう 친구를 만나다 | コーヒー 커피 |

カラオケ 노래방 | 歌うたを 歌うたう 노래를 부르다 | 踊おどる 춤추다 | 夕ゆうごはん 저녁밥 |

テレビ 텔레비전

읽어 봅시다!

9月20日 木曜日 晴れ

今日は朝早く起きて顔を洗ってから公園へ運動しに行きました。

運動してから家族と一緒に朝ごはんを食べました。

それから、1時間ぐらいバスに乗って会社へ行きました。

仕事が終わってから、7時に友達に会って一緒に演劇を見ました。

とてもおもしろかったです。

晴れ 맑음 | 朝早あさはやく 아침 일찍 | 起おきる 일어나다 (て형 : 起きて) |

顔かおを 洗あらう 세수를 하다 (て형 : 洗って) | それから 그리고, 그리고 나서 | ～ぐらい ～정도 |

仕事しごとが 終おわる 일이 끝나다 | ～に 会あう ～을(를) 만나다 | 演劇えんげき 연극

 일본어로 써 봅시다!

1. 지금 무엇을 하고 있습니까?

---

2. 친구를 만나서 영화를 보고 커피를 마셨습니다.

---

3. 아침 일찍 일어나서 신문을 읽고 있습니다.

정답 1. 今(いま) 何(なに)を して いますか。
2. 友達(ともだち)に 会(あ)って 映画(えいが)を 見(み)て コーヒーを 飲(の)みました。
3. 朝早(あさはや)く 起(お)きて 新聞(しんぶん)を 読(よ)んで います。

한자 연습

한자 즐기기

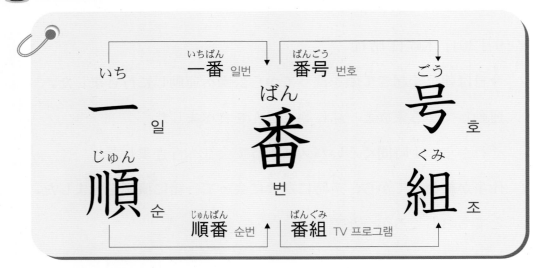

써 봅시다!

よ てい 予定 예정	予定			
えん げき 演劇 연극	演劇			
しゅく だい 宿題 숙제	宿題			
し ごと 仕事 일	仕事			
ばん ごう 番号 번호	番号			
でん き 電気 전기	電気			

듣기 연습

A. 내용을 듣고 순서대로 올바르게 나열한 것을 고르세요. Track 04

가

나

다

라

1) 가 – 라 – 나 – 다

2) 다 – 나 – 가 – 라

3) 다 – 라 – 가 – 나

ᄓ) 가 – 다 – 나 – 라

B. 내용을 듣고 그림과 일치하면 ○, 일치하지 않으면 ×를 넣으세요. Track 05

1)

(   )

2)

(   )

3)

(   )

ᄓ)

(   )

회화 플러스

 Track 06

1. 원하는 선물

➡ プレゼントは 何^{なに}が ほしいですか。

선물은 무엇을 갖고 싶습니까? (원합니까?)

예 プレゼントは 何が ほしいですか。 선물은 무엇을 갖고 싶습니까?

➡ 携帯^{けいたい}が ほしいです。 휴대전화가 갖고 싶습니다.

| 아래 낱말을 써서 밑줄 친 부분과 바꿔서 말해 보세요. |

服ふく 옷 | 靴くつ 신발, 구두 | 花束はなたば 꽃다발 | 人形にんぎょう 인형 | ペン 펜 | 指輪ゆびわ 반지 |

帽子ぼうし 모자 | かばん 가방 | 香水こうすい 향수

2. 먹고 싶은 것

➡ 何が 食^たべたいですか。

무엇을 먹고 싶습니까?

예 何が 食べたいですか。 무엇을 먹고 싶습니까?

➡ すしが 食べたいです。 초밥이 먹고 싶습니다.

| 아래 낱말을 써서 밑줄 친 부분과 바꿔서 말해 보세요. |

飲のみたい 마시고 싶다 | 買かいたい 사고 싶다 | 中華料理ちゅうかりょうり 중화요리 | ピザ 피자 |

紅茶こうちゃ 홍차 | ココア 코코아 | コーヒー 커피 | 財布さいふ 지갑 | 時計とけい 시계

● 삿포로의 관광지

스스키노 거리(すすきの通り)

 '스스키노 거리'는 삿포로 쥬오구에 있는 삿포로시 최대의 번화가로, 거리를 중심으로 뻗어 있는 골목 곳곳에 쇼핑몰과 식당, 술집들이 모여 있습니다. 스스키노 거리는 화려한 네온사인을 자랑하는데, 특히 '니카상' 앞은 스스키노 거리의 포토존이라 할 수 있을 만큼 유명합니다.

 스스키노거리에서 한 블록만 옮기면 '라멘요코쵸(ラーメン横町)'라는 라멘 골목이 있는데, 멀리서도 라멘 냄새를 맡을 수 있을 정도로 라멘 식당들이 밀집해 있습니다.

▲ 스스키노 거리 '니카상' 앞

오도리 공원(大通公園)

 삿포로 역에서 스스키노 거리를 가는 중간 지점에 '오도리 공원'이 있습니다. 오도리 공원은 삿포로시 중심에 있는 도심공원으로 동서로 약 1.5km, 폭 105m의 산책로를 중심으로 양쪽으로 높은 빌딩들이 늘어서 있습니다.

 오도리 공원은 1년 내내 다양한 축제가 열리기로 유명한데, 2월에 열리는 세계적으로 유명한 눈축제를 시작으로, 5월에는 라일락축제, 6월~7월에는 꽃축제, 7월~8월에는 삿포로 여름축제, 9월~10월에는 삿포로 가을축제 등이 열립니다.

▲ 오도리 공원

02 どこに 住んで
います**か**。

어디에 살고 있습니까?

❝ 지금 비가 내리고 있습니다.

나는 음악을 들으면서 친구에게 메일을 쓰고 있습니다.

친구는 1년 전에 결혼해서 미국에 살고 있습니다.

내년에 나는 친구를 만나러 갈 생각입니다.

今 雨が 降って います。

私は 音楽を 聞きながら 友達に メールを 書いて います。

友達は 一年前に 結婚して アメリカに 住んで います。

来年 私は 友達に 会いに 行く つもりです。**❞**

Track 08

青木　雨が たくさん 降って いますね。

里美さんは 傘を 持って いますか。

里美　いいえ、私は 持って いません。

青木　里美さんは どこに 住んで いますか。

里美　この 近くに 住んで います。

青木　じゃ、私の 傘で 一緒に 行きましょう。

〈歩きながら〉

青木　里美さんは 独り暮らしですか。

里美　いいえ、夫と 一緒に 住んで います。

青木　え！ 結婚して いるんですか。

雨あめが 降ふる 비가 내리다 | たくさん 많이 | 傘かさ 우산 | 持もつ 갖다, 들다 | 〜に 住すむ 〜에 살다 |

近ちかく 근처 | 行いきましょう 갑시다 | 独ひとり暮ぐらし 혼자 삶, 독신 생활 | 夫おっと 남편 |

結婚けっこん 결혼 | 〜んです 〜입니다, 〜인데요 (회화체)

문법 포인트

1 ～て いる 용법

① 현재 진행

音楽を 聞いて います。 음악을 듣고 있습니다.

映画を 見て います。 영화를 보고 있습니다.

② 자연 현상

雨が 降って います。 비가 내리고 있습니다.

風が 吹いて います。 바람이 불고 있습니다.

③ 상태

田中さんを 知って いますか。 다나카 씨를 알고 있습니까?

どこに 住んで いますか。 어디에 살고 있습니까?

結婚して いますか。 결혼했습니까?

車を 持って います。 차를 갖고 있습니다.

Q 朝ご飯を 食べましたか。 아침밥을 먹었습니까?

A1 はい、食べました。 네, 먹었습니다.

A2 いいえ、まだ 食べて いません。(〇) 아니요, 아직 안 먹었습니다.

いいえ、まだ 食べませんでした。(✕)

 雨あめが 降ふる 비가 내리다 | 風かぜが 吹ふく 바람이 불다 | 結婚けっこん 결혼 | 車くるま 차 |

朝あさご飯はん 아침밥

④ 착용

帽子を かぶって います。
모자를 쓰고 있습니다.

眼鏡を かけて います。
안경을 쓰고 있습니다.

ネクタイを しめて います。
넥타이를 매고 있습니다.

スーツを 着て います。
양복을 입고 있습니다.

ブラウスを 着て います。
블라우스를 입고 있습니다.

ズボンを はいて います。
바지를 입고 있습니다.

靴を はいて います。
구두를 신고 있습니다.

ピアスを して います。
귀고리를 하고 있습니다.

着る
(スーツ
ブラウス
コート…)

はく
(スカート
ズボン
くつ…)

2 **～に 住む** ~에 살다

A 妹さんは どこに 住んで いますか。

B 東京に 住んで います。

帽子ぼうしを かぶる 모자를 쓰다 | 眼鏡めがねを かける 안경을 쓰다 |

ネクタイを しめる 넥타이를 매다 | スーツを 着きる 양복을 입다 | ブラウスを 着きる 블라우스를 입다 |

ズボンを はく 바지를 입다 | 靴くつを はく 구두를 신다 | ピアスを する 귀고리를 하다 |

妹いもうと 여동생 | 東京とうきょう 도쿄

패턴 연습

1.
보기

この 映画を 見ましたか。

→ はい、見ました。 / いいえ、まだ 見て いません。

1) 朝ごはんを 食べましたか。

→ _____。 / _____。

2) ホテルの 予約を しましたか。

→ _____。 / _____。

3) この 小説を 読みましたか。

→ _____。 / _____。

2.
보기

キムさんは どこで 住んで いますか。 → ② どこで → どこに
       ① ② ③ ④

1) キムさんは まだ 結婚しって いません。
        ① ② ③

→ _____

2) その 映画は 見て ありません。
   ① ② ③

→ _____

3) イさんは スカートを 着て います。
     ① ② ③

→ _____

28

3. 보기

青木さんは どんな かっこうを して いますか。

→ 帽子を <u>かぶって います</u>。

スーツを <u>着て います</u>。

ネクタイを <u>しめて います</u>。

靴を <u>はいて います</u>。

1)

里美さんは どんな かっこうを して いますか。

→ ワンピースを ＿＿＿＿＿＿＿＿＿＿＿＿＿＿。

赤い 靴を ＿＿＿＿＿＿＿＿＿＿＿＿＿＿＿。

かばんを ＿＿＿＿＿＿＿＿＿＿＿＿＿＿＿。

2)

佐藤さんは どんな かっこうを して いますか。

→ セーターを ＿＿＿＿＿＿＿＿＿＿＿＿＿。

ベルトを ＿＿＿＿＿＿＿＿＿＿＿＿＿＿＿。

ズボンを ＿＿＿＿＿＿＿＿＿＿＿＿＿＿＿。

スニーカーを ＿＿＿＿＿＿＿＿＿＿＿＿。

ホテル 호텔(hotel) | 予約よやく 예약 | 小説しょうせつ 소설 | スカート 스커트(skirt) | かっこう 옷차림, 모습 |

帽子ぼうしを かぶる 모자를 쓰다 | スーツを 着きる 양복을 입다 | ネクタイ 넥타이 |

靴くつを はく 구두를 신다 | ワンピース 원피스 | 赤あかい 빨갛다 | セーター 스웨터(sweater) |

ベルト 벨트(belt) | ズボン 바지 | スニーカー 스니커즈, 운동화

독해·작문

 읽어 봅시다!

私(わたし)は去年(きょねん)まで一人(ひとり)で住(す)んでいましたが、

今年(ことし)の2月(にがつ)に結婚(けっこん)して妻(つま)と一緒(いっしょ)に仁川(インチョン)に住んでいます。

妻と私は2年前(ねんまえ)に友達(ともだち)の紹介(しょうかい)で出逢(であ)いました。

紹介の日(ひ)に妻はかわいい帽子(ぼうし)をかぶって、青(あお)いブラウスを着(き)て、

スカートをはいて来(き)ました。とてもきれいでした。

去年きょねん 작년 | 一人ひとりで 혼자서 | 妻つま 처, 아내 | ～に 住すむ ～에 살다 | 紹介しょうかい 소개 |

出逢であう 만나다 | 帽子ぼうしを かぶる 모자를 쓰다 | 青あおい 파랗다 | ブラウス 블라우스

 일본어로 써 봅시다!

1. 결혼했습니까? / 네, 결혼했습니다.

_____

2. 어디에 살고 있습니까? / 도쿄에 살고 있습니다.

_____

3. 비가 많이 오네요. 우산을 갖고 있습니까?

_____

정답 1. 結婚(けっこん)していますか。 / はい、結婚しています。
2. どこに 住(す)んでいますか。 / 東京(とうきょう)に 住んでいます。
3. 雨(あめ)が たくさん 降(ふ)っていますね。傘(かさ)を 持(も)っていますか。

한자 연습

한자 즐기기

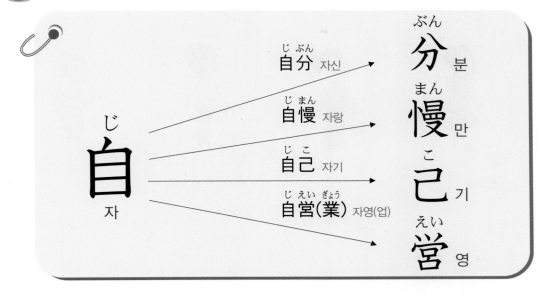

自 (じ) 자

自分 (じ ぶん) 자신 → 分 (ぶん) 분

自慢 (じ まん) 자랑 → 慢 (まん) 만

自己 (じ こ) 자기 → 己 (こ) 기

自営(業) (じ えい ぎょう) 자영(업) → 営 (えい) 영

써 봅시다!

結婚 (けっ こん) 결혼	結婚			
眼鏡 (め がね) 안경	眼鏡			
妻 (つま) 처, 아내	妻			
傘 (かさ) 우산	傘			
帽子 (ぼう し) 모자	帽子			
雨 (あめ) 비	雨			

듣기 연습

A. 내용을 듣고 스즈키 씨의 여동생은 누구인지 맞혀 보세요.   Track 10

1)

2)

3)

4)

정답 (   )

B. 다나카 씨에 대한 설명을 듣고 맞으면 ○, 틀리면 ×를 넣으세요.   Track 11

	^{た なか} 田中
^{じゅうしょ} 住所	^{とうきょう と しんじゅく く よ や に の じゅう} 東京都 新宿区 四ツ谷 2ー10
^{けっこん} 結婚	して いる (○) して いない ( )
^{くるま} 車	^も 持って いる (○) 持って いない ( )
^{しゅ み} 趣味	^{すいえい} 水泳

1) (   )

2) (   )

3) (   )

4) (   )

회화 플러스

 Track 12

1. 결혼 여부

→ # 結婚して いますか。
けっこん

결혼했습니까?

 A 山田さんは 結婚して いますか。 야마다 씨는 결혼했습니까?
やまだ

B1 はい、結婚して います。 네, 결혼했습니다.

B2 いいえ、結婚して いません。 아니요, 결혼 안 했습니다.

| 아래 낱말을 써서 밑줄 친 부분과 바꿔서 말해 보세요. |

まだです 아직입니다 | 独ひとり暮ぐらしです 독신입니다, 혼자 살고 있습니다

2. 사는 곳

→ # どこに 住んで いますか。
す

어디에 살고 있습니까?

예 A どこに 住んで いますか。 어디에 살고 있습니까?

B 仁川に 住んで います。 인천에 살고 있습니다.
インチョン

| 아래 낱말을 써서 밑줄 친 부분과 바꿔서 말해 보세요. |

東京とうきょう 도쿄 | 大阪おおさか 오사카 | ソウル 서울 | 韓国かんこく 한국

● 후쿠오카의 관광지

후쿠오카 타워(福岡タワー)

'후쿠오카 타워'는 후쿠오카를 상징하는 타워로, 해변 레저 지역으로 유명한 '시사이드 모모치(シーサイドももち)' 해변 중앙에 위치해 있습니다. 234m의 높이를 자랑하는 후쿠오카 타워는 해변에 세워진 타워로는 가장 높은 타워로, 5층에 위치한 전망대에서는 후쿠오카 시내는 물론, 하카타 만까지 조망할 수 있습니다. 밤이 되면 타워 전체에 조명을 밝혀 아름다운 장관을 연출하고, 크리스마스와 같은 특별한 날에는 더욱 화려한 일루미네이션을 선보여 관광객뿐 아니라 시민들에게도 사랑을 받고 있습니다.

후쿠오카 타워 ▶

난조인(南蔵院)

후쿠오카시에서 조금 벗어난 후쿠오카현 가스야군에 위치한 사찰 '난조인' 내에는 세계 최대 규모인 청동와불상이 있습니다. 와불상의 전체 길이는 41m, 무게는 무려 300톤에 달합니다. 이 불상의 손에는 오색의 끈이 묶어져 늘어져 있는데, 그 이유는 11m 위의 불상의 손을 잡는다는 것은 불가능하기 때문에 끈을 잡고 소원을 빌기 위함이라고 합니다.

난조인은 아름다운 자연에 둘러싸여 있을 뿐 아니라 여러 동상이 놓여 있어 산책 겸 경내를 둘러보는 재미도 있습니다.

▲ 청동와불상

하우스텐보스(ハウステンボス)

하우스텐보스는 나가사키현에 있지만, 후쿠오카 하카타 버스터미널에서 버스로 약 2시간이면 갈 수 있기 때문에, 후쿠오카 여행을 한다면 꼭 찾게 되는 테마파크로 유명합니다.

단독 테마파크로는 일본 최대 규모인 하우스텐보스는 17세기 중세 네덜란드를 그대로 재현해 '일본 속의 네덜란드'로 알려져 있습니다. 네덜란드어로 '숲속의 집'이라는 뜻의 하우스텐보스에 들어서면 작은 도시가 연상되며, 이 도시 사이로 작은 운하가 가로지르고 있습니다. 큰 규모를 자랑하는 만큼 내부에서 이동하기 위한 수단으로, 버스, 자전거, 배를 이용하고 있습니다.

입장권의 종류로는 1일권, 2일권, 3일권이 있고, 1일권 중에서도 모든 시설을 이용할 수 있는 1일 패스포트와 입장 후에 테마파크 안을 둘러볼 수만 있는 산책권 등, 종류가 다양하기 때문에 여행 계획에 맞춰 자신에게 맞는 입장권을 구입하는 것이 좋습니다. 다른 테마파크에 비해 어트랙션은 화려하진 않지만, 유럽을 테마로 한 테마파크인 만큼 어디를 가나 유럽을 여행하는 것 같은 경치에 관광객의 발길이 끊이지 않고 있습니다.

하우스텐보스 일루미네이션 ▶

▲ 하우스텐보스 튤립 축제

03

いもうと
い
妹も つれて 行っても いいですか。

여동생도 데리고 가도 됩니까?

" 여기는 매우 유명한 곳입니다.

시간이 별로 없어서 1시간 이내로 보고 오세요.

여기에서는 사진을 찍어도 됩니다만,

저 빌딩 안에서는 찍으면 안 됩니다.

ここは とても 有名な 所です。

時間が あまり ないので、1時間 以内に 見て きて ください。

ここでは 写真を 撮っても いいですが、

あの ビルの 中では 撮っては いけません。 "

기본 회화

 Track 14

キム	最近 5キロも 太って しまって、運動したいんですが、

時間が あまり ありません。

妹も したがって いますが、なかなか できません。

木村　キムさん、里美さんは 運動して 10キロも やせましたよ。

キム　え～。うらやましいですね。

木村　私も 来週から スポーツクラブに 通う つもりですが、

一緒に 行きませんか。

キム　それは いいですね。妹も つれて 行っても いいですか。

木村　もちろん!! 一緒に 頑張りましょう。

～んです ~입니다, ~인데요(회화체) | 時間じかん 시간 | ~たがる ~하고 싶어하다 | なかなか 좀처럼 |

できません 못 합니다, 할 수 없습니다 | やせる 살 빠지다, 야위다 | うらやましい 부럽다 |

スポーツクラブ 스포츠 클럽(sports club) | ~に 通かよう ~에 다니다 | ~つもり ~할 예정(작정) |

つれる 동반하다, 데리고 가다 | もちろん 물론 | 頑張がんばる 노력하다, 열심히 하다

문법 포인트

1 て형 활용 II

~て みる	~해 보다	예 食べて みる
~て おく	~해 놓다(두다)	예 食べて おく
~て いる + 명사	~하고 있는 + 명사	예 食べて いる 人
~て しまう	~해 버리다	예 食べて しまう
~ても いいです	~해도 됩니다	예 食べても いいです
~ては いけません	~해서는 안 됩니다	예 食べては いけません
~てばかり いる	~하고만 있다	예 一日中 食べてばかり いる

2 ~て しまう ~해 버리다

妹が 私の パンを 食べて しまいました。(완료)

家に ある ビールを 全部 飲んで しまいました。(완료)

忙しくて 宿題を 忘れて しまいました。(유감·후회)

3 〜たい 〜하고 싶다 / 〜たがる 〜하고 싶어하다

1인칭 · 2인칭	3인칭
行_いきたい	行きたがる
会_あいたい	会いたがる
勉強_{べんきょう}したい	勉強したがる

① 私_{わたし}は 日本_{にほん}へ 行きたいです。

　キムさんは 日本へ 行きたがって います。

② 私は 英語_{えいご}が 勉強_{べんきょう}したいです。

　弟_{おとうと}は 英語を 勉強したがって います。

[참고] ほしい 갖고 싶다, 원하다 / ほしがる 갖고 싶어하다

→ 私は デジカメが ほしいです。

→キムさんは デジカメを ほしがって います。

※ 〜がる 〜해하다

1인칭 · 2인칭	3인칭
ほしい	ほしがる
こわい	こわがる
難_{むずか}しい	難しがる

パン 빵 | ビール 맥주 | 忙_{いそが}しい 바쁘다 | 宿題_{しゅくだい} 숙제 | 忘_{わす}れる 잊다 |

デジカメ 디지털카메라, 디카 | こわい 무섭다

문법 포인트

4 ～ても いいです ～해도 됩니다
～ては いけません ～해서는 안 됩니다

ひらがなで 書いても いいですか。

日本語で 話しても いいですか。

ここで 写真を 撮っては いけません。

※ て형 활용

食べる 먹다	買う 사다	書く 쓰다	飲む 마시다
食べて みる 먹어 보다	買って みる	書いて みる	飲んで みる
食べて おく 먹어 두다	買って おく	書いて おく	飲んで おく
食べて いる 人 먹고 있는 사람	買って いる 人	書いて いる 人	飲んで いる 人
食べて しまう 먹어 버리다	買って しまう	書いて しまう	飲んで しまう
食べても いいです 먹어도 됩니다	買っても いいです	書いても いいです	飲んでも いいです
食べては いけません 먹으면 안 됩니다	買っては いけません	書いては いけません	飲んでは いけません
食べてばかり いる 먹고만 있다	買ってばかり いる	書いてばかり いる	飲んでばかり いる

ひらがなで 히라가나로 | 話はなす 이야기하다 | 写真しゃしん 사진 | 撮とる 찍다

1.

開_あけても いいですか。

→ <u>はい、開_あけても いいです。</u>

<u>いいえ、開_あけては いけません。</u>

1)

ここに 座_{すわ}っても いいですか。

→ ＿＿＿＿＿＿＿＿＿＿＿＿＿＿＿＿＿＿＿。

＿＿＿＿＿＿＿＿＿＿＿＿＿＿＿＿＿＿＿。

2)

ここに 車_{くるま}を 止_とめても いいですか。

→ ＿＿＿＿＿＿＿＿＿＿＿＿＿＿＿＿＿＿＿。

＿＿＿＿＿＿＿＿＿＿＿＿＿＿＿＿＿＿＿。

3)

田中_{たなか}さんと 結婚_{けっこん}しても いいですか。

→ ＿＿＿＿＿＿＿＿＿＿＿＿＿＿＿＿＿＿＿。

＿＿＿＿＿＿＿＿＿＿＿＿＿＿＿＿＿＿＿。

4)

お風呂_{ふろ}に 入_{はい}っても いいですか。

→ ＿＿＿＿＿＿＿＿＿＿＿＿＿＿＿＿＿＿＿。

＿＿＿＿＿＿＿＿＿＿＿＿＿＿＿＿＿＿＿。

開あける 열다 | 座すわる 앉다 | 止とめる 세우다 | 結婚けっこん 결혼 | お風呂ふろに 入はいる 목욕하다

패턴 연습

2. | 보기 |

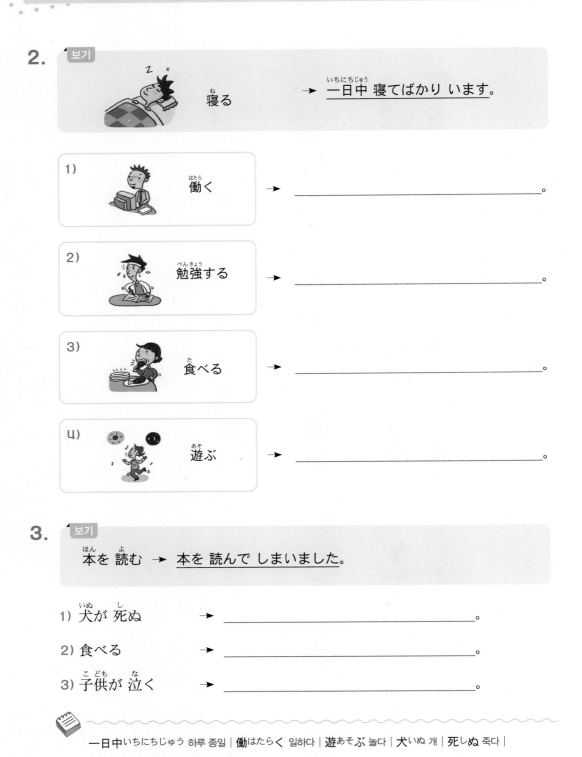

寝^ねる → <u>一日中^{いちにちじゅう} 寝^ねてばかり います。</u>

1) 働^{はたら}く → _____。

2) 勉強^{べんきょう}する → _____。

3) 食^たべる → _____。

ц) 遊^{あそ}ぶ → _____。

3. | 보기 |

本^{ほん}を 読^よむ → <u>本^{ほん}を 読^よんで しまいました。</u>

1) 犬^{いぬ}が 死^しぬ → _____。

2) 食^たべる → _____。

3) 子供^{こども}が 泣^なく → _____。

一日中^{いちにちじゅう} 하루 종일 | 働^{はたら}く 일하다 | 遊^{あそ}ぶ 놀다 | 犬^{いぬ} 개 | 死^しぬ 죽다 |

子供^{こども} 아이 | 泣^なく 울다

독해·작문

 읽어 봅시다! Track 15

今日、私はアパートを探しに不動産屋へ行ってきました。

安いアパートは駅から歩いて20分ぐらいのものが多かったです。

でも、私はすこし高くても駅から近い所がいいと思います。

一番気に入った所は駅から歩いて5分ぐらいの所で、

家賃は6万5千円でした。

今日は一日中歩いてばかりで、足がとても痛かったです。

探さがす 찾다 | 不動産屋ふどうさんや 부동산 | 所ところ 곳 | ～と 思おもいます ～라고 생각합니다 |

気きに 入いる 마음에 들다 (과거형 : 気に 入った) | 家賃やちん 집세

✏️ 일본어로 써 봅시다!

1. 하루 종일 텔레비전을 보고만 있습니다.

_____

2. 술을 마시고 운전해서는 안 됩니다.

_____

3. 여기에서 사진을 찍어도 됩니까?

_____

정답 1. 一日中(いちにちじゅう)テレビを 見(み)てばかり いまず。
2. お酒(さけ)を 飲(の)んで 運転(うんてん)しては いけません。
3. ここで 写真(しゃしん)を 撮(と)っても いいですか。

한자 연습

🍵 한자 즐기기

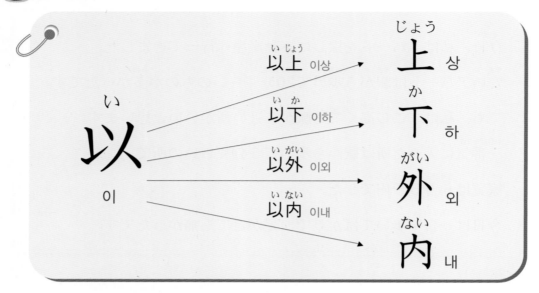

🖌 써 봅시다!

家賃 집세	家賃			
所 곳, 장소	所			
時間 시간	時間			
以上 이상	以上			
風呂 목욕, 욕조	風呂			
一日中 하루 종일	一日中			

듣기 연습

A. 내용을 듣고 다음 그림 중에서 의사가 기무라 씨에게 금지한 사항을 하나만 고르세요.

 Track 16

1)

2)

3)

정답 (   )

B. 내용을 듣고 다음 그림 중에서 금지한 사항을 하나만 고르세요.

 Track 17

1)

2)

3)

ц)

정답 (   )

회화 플러스

 Track 18

1. 장소

→ **場所は どこに しましょうか。**
ば しょ

장소는 어디로 할까요?

 A 場所は どこに しましょうか。 장소는 어디로 할까요?

B₁ お台場は どうですか。 오다이바는 어떻습니까?
だい ば

B₂ 私は お台場へ 行って みたいです。 나는 오다이바에 가 보고 싶습니다.
わたし　　　　　　　　い

| 아래 낱말을 써서 밑줄 친 부분과 바꿔서 말해 보세요. |

さっぽろ 삿포로 | ホテル 호텔 | 温泉旅館おんせんりょかん 온천여관 | 海うみ 바다 | 山やま 산 |

湖みずうみ 호수 | 美術館びじゅつかん 미술관

2. 가능 여부

→ **ここで 写真を 撮っても いいですか。**
しゃしん　　　と

여기에서 사진을 찍어도 됩니까?

 A ここで 写真を 撮っても いいですか。 여기에서 사진을 찍어도 됩니까?

B₁ はい、撮っても いいです。 네, 찍어도 됩니다.

B₂ いいえ、撮っては いけません。 아니요, 찍으면 안 됩니다.

| 아래 낱말을 써서 밑줄 친 부분과 바꿔서 말해 보세요. |

コーヒーを 飲のむ 커피를 마시다 | 車くるまを 止とめる 차를 세우다 | ここに 座すわる 여기에 앉다 |

日本語にほんごで 話はなす 일본어로 이야기하다 | 窓まどを 開あける 창문을 열다

쉬어가기

● 오키나와

　일본 최남단에 위치한 류큐제도의 오키나와현은 크고 작은 여러 섬으로 구성되어 있습니다. 일반적으로 오키나와라고 하면 오키나와현에서 가장 크고 중심이 되는 본섬을 가리킵니다. 오키나와현은 크게 본섬과 다섯 개의 섬(제도)으로 나뉘고, 본섬은 크게 북부, 중부, 남부 지역으로 나눕니다.

〈오키나와 본섬〉

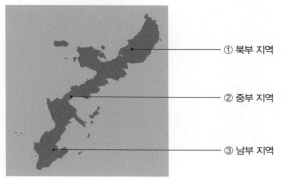

— ① 북부 지역

— ② 중부 지역

— ③ 남부 지역

① 북부 지역

　오키나와 북부 지역에서는 그 지역에서만 서식하는 귀중한 동식물들을 만날 수 있을 뿐만 아니라 일 년 내내 푸른 조엽수림을 볼 수 있습니다. 또한 해양박공원과 츄라우미(美ら海) 수족관, 비세노 후쿠기(備瀬のフクギ) 가로수길 등이 유명합니다.

② 중부 지역

　고급 휴양지가 모여 있는 중부 지역은 주로 가족 단위의 여행객들이 선호하는 지역입니다. 미군 기지의 영향으로 미국식 건물과 간판을 쉽게 볼 수 있고, 자탄초 미하마에 위치한 아메리칸 빌리지는 젊은이들의 쇼핑거리로 유명합니다.

③ 남부 지역

　나하 공항이 자리잡고 있는 남부 지역은 오키나와현의 정치, 경제, 문화의 중심지입니다. 나하에는 슈리성터를 비롯하여 총 4곳이 유네스코 세계문화 유산으로 등재되어 있습니다.

슈리성터 ▶

04

日本へ 行った ことが ありますか。

일본에 간 적이 있습니까?

포인트 스피치 Track 19

" 저는 1년 전에 오사카에 간 적이 있습니다.

역에서 가까운 편이 좋기 때문에 저는 LK호텔을 예약했습니다.

이 호텔은 생긴 지 얼마 안 됐기 때문에 참 깨끗하고

교통도 편리했습니다.

私は 一年 前に 大阪へ 行った ことが あります。

駅から 近い 方が いいので、私は LKホテルを 予約しました。

この ホテルは できた ばかりだったので とても きれいで、

交通も 便利でした。 "

기본 회화

 Track 20

〈写真を 見ながら〉

ワン	キムさんは 上野公園へ 行った ことが ありますか。

キム　　　はい、2年前に 行った ことが あります。

ワン　　　公園の 中に ある 美術館へ 行って みましたか。

　　　　　とても 立派な 美術館です。

キム　　　そうなんですか。知りませんでした。

　　　　　ところで、日本へ 行った 時、

　　　　　私は 日本語の 勉強を 始めた ばかりだったので、

　　　　　日本語で 話すのが 難しかったんです。

ワン　　　そうですか。最初は、簡単な 会話の 表現ぐらいは

　　　　　勉強して おいた 方が いいですね。

写真しゃしん 사진 | 美術館びじゅつかん 미술관 | 立派りっぱだ 훌륭하다 | 知りりませんでした 몰랐습니다 |

ところで 그런데 | 〜た 時とき 〜했을 때 | 始はじめる 시작하다 | 〜た ばかりだ 갓 〜하다, 막 〜하다 |

最初さいしょ 최초, 맨처음 | 会話かいわ 회화 | 表現ひょうげん 표현 | 〜ぐらい 〜정도 | 〜て おく 〜해 두다

문법 포인트

① 동사의 た형

구분	활용 규칙	예시
1그룹 동사 (5단동사)	う・つ・る → った ぬ・む・ぶ → んだ く → いた ぐ → いだ す → した ★ 帰る → 帰った (예외) ★ 行く → 行った	会う → 会った 飲む → 飲んだ 書く → 書いた 泳ぐ → 泳いだ 話す → 話した ★ 帰る → 帰った ★ 行く → 行った
2그룹 동사 (상1단동사 하1단동사)	る + た	見る → 見た 起きる → 起きた 食べる → 食べた 寝る → 寝た
3그룹 동사 (カ행변격동사 サ행변격동사)	来る → 来た する → した	来る → 来た 勉強する → 勉強した

문법

표현	뜻	예
～た ことが あります	～한 적이 있습니다	예 行った ことが あります
～た 方が いいです	～하는 편이 낫습니다	예 行った 方が いいです
～た ばかりです	～한 지 얼마 안 됐습니다	예 行った ばかりです
～た + 명사	～한(했던) + 명사	예 日本へ 行った 時

※ た형 활용 연습 (해답 53쪽)

의미	동사	た형	의미	동사	た형
사다	買う		기다리다	待つ	
쓰다	書く		이야기하다	話す	
읽다	読む		나가다	出る	
보다	見る		하다	する	
놀다	遊ぶ		되다	なる	
걷다	歩く		죽다	死ぬ	
쉬다	休む		찍다	撮る	
먹다	食べる		가르치다	教える	
헤엄치다	泳ぐ		오다	来る	
가다	行く		부르다	呼ぶ	
일하다	働く		마시다	飲む	
자다	寝る		듣다	聞く	
일어나다	起きる		만들다	作る	
만나다	会う		돌아오다(가다)	帰る	
타다	乗る		걸다	かける	
피우다, 빨다	吸う		씻다	洗う	

2 **〜た ことが あります** ~한 적이 있습니다

この 本を 読んだ ことが あります。

あの 映画を 見た ことが ありますか。

アメリカへ 行った ことは 一度も ありません。

3 **〜た 方が いいです** ~하는 편이 낫습니다(좋습니다)

手紙より 電話を した 方が いいです。

それは 先生に 聞いた 方が いいです。

タクシーより バスに 乗った 方が いいです。

4 **〜た ばかりです** ~한 지 얼마 안 됐습니다. (지금) 막 ~했습니다

私は 韓国へ 来た ばかりです。

この 木は 最近 できた ばかりです。

今 着いた ばかりです。

読よむ 읽다 | アメリカ 미국(America) | 一度いちども 한 번도 | 手紙てがみ 편지 | 電話でんわ 전화 |

聞きく 듣다, 묻다 | タクシー 택시(taxi) | バス 버스(bus) | 〜に 乗のる ~을(를) 타다 | 韓国かんこく 한국 |

最近さいきん 최근 | 着つく 도착하다

※ た형 활용 연습 해답

의미	동사	た형	의미	동사	た형
사다	買う	買った	기다리다	待つ	待った
쓰다	書く	書いた	이야기하다	話す	話した
읽다	読む	読んだ	나가다	出る	出た
보다	見る	見た	하다	する	した
놀다	遊ぶ	遊んだ	되다	なる	なった
걷다	歩く	歩いた	죽다	死ぬ	死んだ
쉬다	休む	休んだ	찍다	撮る	撮った
먹다	食べる	食べた	가르치다	教える	教えた
헤엄치다	泳ぐ	泳いだ	오다	来る	来た
가다	行く	行った	부르다	呼ぶ	呼んだ
일하다	働く	働いた	마시다	飲む	飲んだ
자다	寝る	寝た	듣다	聞く	聞いた
일어나다	起きる	起きた	만들다	作る	作った
만나다	会う	会った	돌아오다(가다)	帰る	帰った
타다	乗る	乗った	걸다	かける	かけた
피우다, 빨다	吸う	吸った	씻다	洗う	洗った

패턴 연습

1.

日本へ　行く

→ <u>日本へ　行った　ことが　ありますか。</u>

1)

小説を　読む

→ _____。

2)

芸能人に　会う

→ _____。

3)

飛行機に　乗る

→ _____。

ㄴ)

日本語を　勉強する

→ _____。

 小説しょうせつ 소설 | 芸能人げいのうじん 연예인 | 飛行機ひこうきに 乗のる 비행기를 타다 |

勉強べんきょう 공부

2.

보기

ゆっくり 休む

どうしたら いいですか。

→ <u>ゆっくり 休んだ 方が いいです。</u>

1)

病院へ 行く

どうしたら いいですか。

→ _____。

2) 일등 신랑감

木村さんと 結婚する

どうしたら いいですか。

→ _____。

3) 빵!

静かな 所を 探す

どうしたら いいですか。

→ _____。

 どうしたら いいですか 어떻게 하면 되겠습니까? | ゆっくり 休やすむ 푹 쉬다 | 病院びょういん 병원 |

結婚けっこん 결혼 | 静しずかだ 조용하다 | 所ところ 곳, 장소 | 探さがす 찾다

패턴 연습

3.

空港_{くうこう}に 着_ついた → <u>空港に 着いた ばかりです。</u>

1) 今_{いま} 起_おきる　　→　_____。

2) 日本語_{にほんご}を 始_{はじ}める　→　_____。

3) ご飯_{はん}を 食_たべる　→　_____。

4. 동사의 た형 활용에 맞게 빈칸을 채우세요.

食べる 먹다	作る 만들다	見る 보다	会う 만나다
食べた 먹었다			
食べた 料理 먹었던 요리	映画	ドラマ	人
食べた ことが ある 먹은 적이 있다			
食べた 方が いい 먹는 편이 낫다			
食べた ばかりです 먹은 지 얼마 안 됐습니다			

空港_{くうこう} 공항 | ～に 着_つく ～에 도착하다 | 始_{はじ}める 시작하다 | ご飯_{はん} 밥 | ドラマ 드라마(drama)

읽어 봅시다!

 Track 21

7月8日 木曜日 くもり ときどき 雨

今日は忙しい一日だった。9時に大事な会議があったので、

朝ご飯を食べてからすぐ家を出た。

会社に着いて会議の書類を読んだ。

新しいプロジェクトについて2時間ぐらい会議をした。

12時に同僚と一緒に会社の近くで昼ご飯を食べた。

くもり 흐림 | ときどき 때때로 | 忙いそがしい 바쁘다 | 一日いちにち 하루 | 大事だいじだ 중요하다 |

会議かいぎ 회의 | 家うちを出でる 집을 나오다 | 書類しょるい 서류 | プロジェクト 프로젝트(project) |

～について ～에 대해서 | 同僚どうりょう 동료 | 近ちかく 근처 | 昼ひるご飯はん 점심밥

 일본어로 써 봅시다!

1. 일본에 간 적이 있습니까?

_____

2. 편지보다 전화를 하는 편이 좋습니다.

_____

3. 일본어를 배운 지 얼마 안 됐습니다.

_____

정답 1. 日本(にほん)へ 行(い)った ことが ありますか。
2. 手紙(てがみ)より 電話(でんわ)を した 方(ほう)が いいです。
3. 日本語(にほんご)を 習(なら)った ばかりです。

한자 연습

한자 즐기기

써 봅시다!

しょう せつ 小説 소설	小説			
ひょう げん 表現 표현	表現			
び じゅつかん 美術館 미술관	美術館			
でん わ 電話 전화	電話			
かい わ 会話 회화	会話			
ひ こう き 飛行機 비행기	飛行機			

A. 내용을 듣고 질문에 대한 올바른 답을 1, 2, 3, 4 중에서 고르세요.

 Track 22

정답 (　　　　　)

B. 김 씨와 이 씨의 대화입니다. 내용을 듣고 빈칸에 다녀온 곳에는 ○, Track 23
가 보지 못한 곳에는 ×를 넣으세요.

場所 （ば しょ） 名前 （な まえ）	温泉 （おんせん）	相撲 （す もう）	カラオケ
キム			
イ			

Track 24

1. 경험

→ # 日本へ 行った ことが ありますか。

일본에 간 적이 있습니까?

예 **A** 日本へ 行った ことが ありますか。 일본에 간 적이 있습니까?

B₁ はい、一度 あります。 2年前に 行った ことが あります。

네, 한 번 있습니다. 2년 전에 간 적이 있습니다.

B₂ いいえ、ありません。 아니요, 없습니다.

| 아래 낱말을 써서 밑줄 친 부분과 바꿔서 말해 보세요. |

中国ちゅうごく 중국 | ドイツ 독일 | グアム 괌 | アメリカ 미국 | フランス 프랑스 | ホンコン 홍콩 |

演劇えんげきを 見みる 연극을 보다 | この 小説しょうせつを 読よむ 이 소설을 읽다 |

4年前よねんまえに 4년 전에

2. 조언 받기

→ # 調子が 悪いです。 컨디션이 안 좋습니다.

예 **A** 調子が 悪いです。 컨디션이 안 좋습니다.

どうした 方が いいですか。 어떻게 하는 게 좋습니까?

B ゆっくり 休んだ 方が いいです。 푹 쉬는 편이 좋습니다.

| 아래 낱말을 써서 밑줄 친 부분과 바꿔서 말해 보세요. |

病院びょういんへ 行いく 병원에 가다 | 薬くすりを 飲のむ 약을 먹다 |

早はやく 家うちへ 帰かえる 일찍 집에 돌아가다 | ゆっくり 寝ねる 푹 자다 |

会社かいしゃを やめる 회사를 그만두다

• 일본의 유명 테마파크

도쿄 디즈니리조트(東京ディズニーリゾート)

'도쿄 디즈니리조트'는 일본 지바현 우라야스시에 있는 대규모 테마파크로, 1983년 개장한 '도쿄 디즈니랜드(東京ディズニーランド)'와 2001년 개장한 '도쿄 디즈니씨(東京ディズニーシー)', 호텔로 조성되어 있습니다. 도쿄 디즈니랜드는 7개의 '테마 랜드'로 구성되어 있어 개인의 취향에 맞춰 다양하게 즐길 수 있습니다. 디즈니랜드가 육지를 주제로 했다면, 디즈니씨는 바다를 주제로 한 테마파크로 디즈니씨 역시 7개의 '테마 랜드'로 구성되어 있습니다. 디즈니씨에는 놀이기구뿐 아니라 여러 공연과 쇼가 준비되어 있으므로, 방문 전에 공연 시간을 체크해 두는 것도 좋습니다.

디즈니랜드 ▶

▲ 디즈니씨

유니버설 스튜디오 재팬(ユニバーサル・スタジオ・ジャパン)

오사카시 고노하나구에 위치한 '유니버설 스튜디오 재팬'은 할리우드의 유명한 영화를 테마로 2001년 개장한 대형 영화 테마파크입니다. 아시아에서는 유일한 유니버설 계열의 테마파크이고, 조성 단계에서부터 할리우드의 거장 스티븐 스필버그 감독이 참여하여, 다채로운 쇼와 스릴 넘치는 놀이기구들이 가득합니다. 연간 1,000만 명이 넘는 관광객을 뽐내는 유니버설 스튜디오 재팬은 간사이 지역의 대표적인 테마파크로 자리매김하고 있습니다.

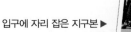
입구에 자리 잡은 지구본 ▶

▲ '해리포터'의 호그와트 성

05

本を 読んだり
音楽を 聞いたり
します。

책을 읽기도 하고, 음악을 듣기도 합니다.

포인트 스피치 Track 25

" 나는 한가할 때 친구와 영화를 보거나 여행하거나 합니다.

어제는 친구와 '애인'이라는 영화를 봤습니다.

영화는 재미있었습니다.

내일부터 여행하러 가는데, 내일은 비가 올지도 모릅니다.

. . . .

私は 暇な 時、友達と 映画を 見たり 旅行したり します。

昨日は 友達と 「恋人」と いう 映画を 見ました。

映画は おもしろかったです。

明日から 旅行に 行きますが、明日は 雨が 降るかも しれません。 "

青木	キムさんは 暇な 時、何を しますか。
キム	本を 読んだり 音楽を 聞いたり します。青木さんは？
青木	私は 運動したり 映画を 見たり します。
	キムさんは 「ラブ」と いう 映画を 見た ことが ありますか。
キム	いいえ、見た ことが ありません。
青木	とても おもしろい 映画でしたよ。
	今も ソウル映画館で やって いるかも しれません。
キム	私も ぜひ 見て みたいですね。

暇ひまだ 한가하다 | 時とき 때 | 音楽おんがく 음악 | ラブ 러브(LOVE) | ～と いう ～라는, ～라고 하는 |

～た ことが ある ～한 적이 있다 | 映画館えいがかん 영화관 | やる 하다 |

～かも しれません ～일지도 모릅니다 | ぜひ 꼭

문법 포인트

1 동사의 たり형

1그룹 동사 (5단동사)	う・つ・る → ったり ぬ・む・ぶ → んだり く → いたり ぐ → いだり す → したり ★ 帰る → 帰ったり (예외) ★ 行く → 行ったり	会う → 会ったり 飲む → 飲んだり 書く → 書いたり 泳ぐ → 泳いだり 話す → 話したり ★ 帰る → 帰ったり ★ 行く → 行ったり
2그룹 동사 (상1단동사 하1단동사)	る + たり	見る → 見たり 起きる → 起きたり 食べる → 食べたり 寝る → 寝たり
3그룹 동사 (カ행변격동사 サ행변격동사)	来る → 来たり する → したり	来る → 来たり 勉強する → 勉強したり

※ たり形 練習 (해답 68쪽)

의미	동사	たり형	의미	동사	たり형
사다	買う		기다리다	待つ	
쓰다	書く		이야기하다	話す	
읽다	読む		나가다	出る	
보다	見る		하다	する	
놀다	遊ぶ		되다	なる	
걷다	歩く		죽다	死ぬ	
쉬다	休む		찍다	撮る	
먹다	食べる		가르치다	教える	
헤엄치다	泳ぐ		오다	来る	
가다	行く		부르다	呼ぶ	
일하다	働く		마시다	飲む	
자다	寝る		듣다	聞く	
일어나다	起きる		만들다	作る	
만나다	会う		돌아오다(가다)	帰る	
타다	乗る		걸다	かける	
피우다, 빨다	吸う		씻다	洗う	

문법 포인트

② ～たり 「～이기도 하고」의 용법

명사	명사 + だったり	예 会社員だったり
い형용사	～い + かったり	예 暑かったり
な형용사	だ + だったり	예 まじめだったり
동사	동사의 たり형	예 映画を 見たり

朝食は パンだったり ご飯だったり します。

値段は 高かったり 安かったり します。

交通は 便利だったり 不便だったり します。

★ 家の 前を 行ったり 来たり します。 「来たり 行ったり (×)」

③ ～かも しれません ～일지도 모릅니다

명사	명사 + かも しれません	예 休みかも しれません
い형용사	～い + かも しれません	예 安いかも しれません
な형용사	だ + かも しれません	예 親切かも しれません
동사	동사 + かも しれません	예 日本へ 行くかも しれません

日本へ 行った 方が いいかも しれません。

あの 部屋が 静かかも しれません。

明日は 雨が 降るかも しれません。

※ たり形 연습(해답 68쪽)

4 ～と いう ～라고 하는

「心」と いう 小説を 読んだ ことが ありますか。

「田中」と いう 人を 知って いますか。

昨日、「友達」と いう ドラマを 見ました。

5 やる 하다

その ドラマは 今 テレビで やって います。

田中さん、 やって みて ください。

一度 やって みます。

朝食 ちょうしょく 조식, 아침밥 | 値段 ねだん 가격 | 交通 こうつう 교통 | 便利 べんりだ 편리하다 |

不便 ふべんだ 불편하다 | 家 いえ/うち 집 | ～た 方 ほうが いい ～하는 편이 낫다 | 部屋 へや 방 |

静 しずかだ 조용하다 | 雨 あめが 降 ふる 비가 내리다 | 心 こころ 마음 | 小説 しょうせつ 소설 |

知 しる 알다 (예외 활용) | 昨日 きのう 어제 | ドラマ 드라마 | 一度 いちど 한 번 | やって みる 해 보다

문법 포인트

※ たり형 활용 연습 해답

의미	동사	たり형	의미	동사	たり형
사다	買う	買ったり	기다리다	待つ	待ったり
쓰다	書く	書いたり	이야기하다	話す	話したり
읽다	読む	読んだり	나가다	出る	出たり
보다	見る	見たり	하다	する	したり
놀다	遊ぶ	遊んだり	되다	なる	なったり
걷다	歩く	歩いたり	죽다	死ぬ	死んだり
쉬다	休む	休んだり	찍다	撮る	撮ったり
먹다	食べる	食べたり	가르치다	教える	教えたり
헤엄치다	泳ぐ	泳いだり	오다	来る	来たり
가다	行く	行ったり	부르다	呼ぶ	呼んだり
일하다	働く	働いたり	마시다	飲む	飲んだり
자다	寝る	寝たり	듣다	聞く	聞いたり
일어나다	起きる	起きたり	만들다	作る	作ったり
만나다	会う	会ったり	돌아오다(가다)	帰る	帰ったり
타다	乗る	乗ったり	걸다	かける	かけたり
피우다, 빨다	吸う	吸ったり	씻다	洗う	洗ったり

패턴 연습

1.

보기

テレビを 見^みる・音楽^{おんがく}を 聞^きく

→ <u>テレビを 見たり 音楽を 聞いたり します。</u>

1)

泣^なく・笑^{わら}う

→ _____。

2)

バスに 乗^のる・歩^{ある}く

→ _____。

3)

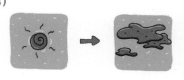

晴^はれる・曇^{くも}る

→ _____。

4)

おもしろい・つまらない

→ _____。

泣なく 울다 | 笑わらう 웃다 | 〜に 乗のる 〜을(를) 타다 | 歩あるく 걷다 | 晴はれる 맑다, 개다 |

曇くもる 흐리다 | つまらない 재미없다, 시시하다

패턴 연습

2.

雨<small>あめ</small>が 降<small>ふ</small>る

→ <u>雨が 降るかも しれません</u>。

---

1)

寝<small>ね</small>て いる

→ 青木<small>あおき</small>さんは 今<small>いま</small>

_____。

---

2)

高<small>たか</small>い

→ この 香水<small>こうすい</small>は ちょっと

_____。

---

3)

有名<small>ゆうめい</small>だ

→ あの 歌手<small>かしゅ</small>は とても

_____。

---

4)

結婚<small>けっこん</small>する

→ 田中<small>たなか</small>さんと キムさんは すぐ

_____。

 雨あめが 降ふる 비가 내리다 | 香水こうすい 향수 | 有名ゆうめいだ 유명하다 | 歌手かしゅ 가수 |

結婚けっこん 결혼 | すぐ 곧, 금방

읽어 봅시다!

 Track 27

昨日(きのう)は久(ひさ)しぶりに友達(ともだち)と一緒(いっしょ)に「恋人(こいびと)」という映画(えいが)を見(み)ました。

とても感動的(かんどうてき)でした。

映画(えいが)を見(み)てから、ご飯(はん)を食(た)べたりカラオケに行(い)って歌(うた)を歌(うた)ったり

しました。とても楽(たの)しかったです。

明日(あした)は会社(かいしゃ)の同僚(どうりょう)と海(うみ)へ行(い)きます。雨(あめ)が降(ふ)るかもしれませんが、

前(まえ)からの約束(やくそく)だったので、雨(あめ)が降(ふ)っても行(い)きます。

久(ひさ)しぶりに 오랜만에 | 恋人(こいびと) 애인, 연인 | 感動的(かんどうてき) 감동적 | カラオケ 노래방 |

楽(たの)しい 즐겁다 | 同僚(どうりょう) 동료 | 海(うみ) 바다 | 〜かも しれません 〜일지도 모릅니다 |

約束(やくそく) 약속

일본어로 써 봅시다!

1. 나는 한가할 때 음악을 듣거나 책을 읽거나 합니다.

   _____

2. '친구'라는 영화를 본 적이 있습니까?

   _____

3. 내일은 눈이 올지도 모릅니다.

   _____

정답 1. 私(わたし)は暇(ひま)な時(とき)、音楽(おんがく)を聞(き)いたり本(ほん)を読(よ)んだり します。
2. 「友達(ともだち)」という映画(えいが)を見(み)たことがありますか。
3. 明日(あした)は雪(ゆき)が降(ふ)るかも しれません。

한자 연습

한자 즐기기

써 봅시다!

こう すい 香水 향수	香水			
べん り 便利 편리	便利			
こう どう 行動 행동	行動			
やく そく 約束 약속	約束			
かん どう 感動 감동	感動			
どう りょう 同僚 동료	同僚			

듣기 연습

A. 내용을 듣고 올바른 순서대로 나열한 것을 고르세요.

 Track 28

1) 가 – 다 – 나

2) 나 – 가 – 다

3) 가 – 나 – 다

4) 다 – 나 – 가

B. 내용을 듣고 그림과 일치하면 ○, 일치하지 않으면 ×를 넣으세요.

 Track 29

1) ( )

2) ( )

3) ( )

4) ( )

회화 플러스

 Track 30

1. 현재 행동

→ **何を して いますか。** 무엇을 하고 있습니까?

예 **A** 木村さんは 何を して いますか。 기무라 씨는 무엇을 하고 있습니까?

B 本を 読んで います。 책을 읽고 있습니다.

| 그림을 보면서 말해 보세요. |

2. 여가 시간 활용

→ **暇な 時は 何を しますか。** 한가할 때는 무엇을 합니까?

예 **A** 暇な 時は 何を しますか。 한가할 때는 무엇을 합니까?

B 映画を 見たり 本を 読んだり します。 영화를 보거나 책을 읽거나 합니다.

| 아래 낱말을 써서 밑줄 친 부분과 바꿔서 말해 보세요. |

ピアノを 弾ひく 피아노를 치다 | ギターを 弾ひく 기타를 치다 | ゆっくり 休やすむ 푹 쉬다 |

寝ねる 자다 | 運動うんどうを する 운동을 하다 | コンピューターを する 컴퓨터(computer)를 하다

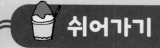

● 일본의 유명 온천지

아리마 온천

노보리베쓰 온천

벳푸 온천

하코네 온천

유후인 온천

노보리베쓰 온천(登別温泉)
　'노보리베쓰 온천'은 일본 최북단인 홋카이도의 대표 온천이라 할 수 있습니다. 하루 1만 톤에 달하는 용출량과 섭씨 40~130도에 달하는 다양한 온천수에는 11가지의 유황 성분이 포함되어 있어, 만성 관절염을 비롯하여 혈액순환, 심장병, 피부미용 등에 효능이 있다고 알려져 있습니다. 노보리베쓰는 약 11만㎡에 달하는 '지옥 계곡'으로도 유명합니다. 흰 연기와 함께 유황 성분이 풍부한 온천수가 뿜어져 나오는 이곳은 도보여행을 하며 족욕을 즐길 수도 있습니다.

▲ 지옥 계곡

하코네 온천(箱根温泉^{はこ ね おんせん})

도쿄 근교의 최고의 온천 휴양지로 꼽히는 '하코네 온천'은 도쿄의 서쪽 가나가와현에 위치한 대규모 온천 마을로, 도쿄 역에서 하코네 유모토 역까지는 약 2시간이면 갈 수 있습니다. 산의 기슭과 중턱에 대규모 온천 휴양지가 조성되어 있으며, 성분이 다른 온천수가 많아 온천탕 선택의 폭이 넓은 것으로도 유명합니다.

온천뿐 아니라 흰 연기를 뿜어내는 활화산 '오와쿠다니(大涌谷^{おおわくだに})'와 '아시노코(芦の湖^{あし こ})' 호수에서 탈 수 있는 유람선은 하코네의 자랑이라고 할 수 있습니다.

▲ 흰 연기를 뿜어내는 '오와쿠다니'

아리마 온천(有間温泉^{あり ま おんせん})

효고현 고베시의 '아리마 온천'은 일본의 3대 명천 중의 하나로 꼽히고 있습니다. 마을 중심으로는 주택과 료칸, 상점들이 고즈넉하게 자리해 있어 옛 아리마의 정취를 느낄 수 있고, 외곽으로는 대형 온천 호텔들이 자리잡아 전체적인 분위기는 리조트 타운에 가깝다고 볼 수 있습니다.

다양한 성분이 함유되어 있는 여섯 개의 온천수가 온천탕에 공급되고 있는데, 특히 철분이 많아 황토색에 가까운 '금천(金の湯^{きん ゆ})'과 이산화탄소가 함유되어 맑고 투명한 '은천(銀の湯^{ぎん ゆ})'을 갖춘 온천탕이 유명합니다.

▲ 아리마 온천의 전체적인 분위기

벳푸 온천(別府温泉)

'벳푸 온천'은 일본을 대표하는 온천 지역인 규슈 중동부의 오이타현에 자리하고 있습니다. 2,800곳이 넘는 곳에서 섭씨 50~100도에 이르는 다양한 온천수가 매일 14만 톤에 이른다는 것이 벳푸 온천의 자랑입니다. 온천수의 용출지와 용출량이 많아, 그 규모가 큰 만큼 8개의 지역으로 분류하고 있는데, 지역마다 온천수의 효능이 다르다는 특징이 있습니다.

▲ 에메랄드빛의 온천탕

벳푸 온천에서 빼놓을 수 없는 것이 7개의 온천탕을 둘러보는 '지옥 온천' 순례로, 에메랄드빛과 핏빛의 온천탕을 비롯하여 온천수가 용솟음치는 탕 등 7개의 온천탕을 둘러볼 수 있습니다.

유후인 온천(由布院温泉)

'유후인 온천'은 규슈 오이타현 유후시에 자리하고 있으며, 용출량이 벳푸, 구사쓰에 이어 세 번째로 많은 온천입니다. 온천지 근처의 온천 호수인 '긴린코(金鱗湖)'는 호수 바닥에서 올라오는 온천수가 기온차에 의해 피어오르는 물안개로 유명합니다. 유후인 역에서 긴린코까지 약 1km에 이르는 거리에 다양한 상점과 농가를 개조해 만든 료칸, 음식점들이 이어지며 지금의 온천 마을이 형성되었습니다.

▲ 물안개가 피어오르는 '긴린코'

お酒が 飲めますか。

술을 마실 수 있습니까?

❝ 저는 어릴 때 2년 정도 수영을 배웠기 때문에 수영할 수 있지만,

여동생은 수영을 못 합니다.

하지만, 여동생은 스키와 골프를 매우 잘합니다.

私は 子供の 時、２年ぐらい 水泳を 習っていたので 泳げますが、

妹は 泳げません。

でも、妹は スキーと ゴルフが とても 上手です。 **❞**

Track 32

木村　お酒が 飲めますか。

キム　いいえ、あまり 飲めません。

木村　どんな お酒なら 飲めますか。

キム　甘い お酒なら 飲めます。

木村　じゃ、今度 飲みに 行きましょう。

キム　いいですね。いつに しましょうか。

木村　来週の 金曜日は どうでしょうか。

キム　金曜日は 友達の 卒業式なので 行けません。
　　　でも、土曜日なら 大丈夫です。

木村　そうですか。じゃ、土曜日に しましょう。

お酒さけ 술 | 飲のむ 마시다 (→ 가능형 飲(の)める) | どんな 어떤 | ～なら ～라면 |

甘あまい 달다, 독하지 않다 | 今度こんど 이번, 다음번 | いつ 언제 | ～に する ～로 하다 |

～ましょう ～합시다 | 来週らいしゅう 다음 주 | 金曜日きんようび 금요일 | 卒業式そつぎょうしき 졸업식 |

土曜日どようび 토요일 | 大丈夫だいじょうぶだ 괜찮다

문법 포인트

① 동사의 가능형

1그룹 동사 (5단동사)	u단 → e단 + る	예 飲む → 飲める 話す → 話せる 行く → 行ける ★ 帰る → 帰れる
2그룹 동사 (상1단동사 하1단동사)	る + られる	見る → 見られる 起きる → 起きられる 食べる → 食べられる 寝る → 寝られる
3그룹 동사 (カ행변격동사 サ행변격동사)	来る → 来られる する → できる	来る → 来られる 運転する → 運転できる

カタカナが 書けますか。

好きな 人に 好きだと 言えますか。

学校で 何が できますか。

ごめんなさい、明日から 出張なので 来られません。

[참고] ～が + 가능형 (＝～を + 기본형 + ことが できる)

→ ひらがなが 読める＝ひらがなを 読む ことが できる。

→ 英語が 教えられる＝英語を 教える ことが できる。

※ 가능형 활용 연습 (해답 83쪽)

의미	동사	가능형	의미	동사	가능형
사다	買う		기다리다	待つ	
쓰다	書く		이야기하다	話す	
읽다	読む		나가다	出る	
보다	見る		하다	する	
놀다	遊ぶ		되다	なる	
걷다	歩く		죽다	死ぬ	
쉬다	休む		찍다	撮る	
먹다	食べる		가르치다	教える	
헤엄치다	泳ぐ		오다	来る	
가다	行く		부르다	呼ぶ	
일하다	働く		마시다	飲む	
자다	寝る		듣다	聞く	
일어나다	起きる		만들다	作る	
만나다	会う		돌아오다(가다)	帰る	
타다	乗る		걸다	かける	
피우다, 빨다	吸う		씻다	洗う	

カタカナ 가타카나 | 好すきだ 좋아하다 | 学校がっこう 학교 | 出張しゅっちょう 출장 | できる 할 수 있다

2 　**〜なら** 〜라면

コンビニなら あそこに あります。

スポーツなら 木村(きむら)さんです。

ソウルデパートなら 三番出口(さんばんでぐち)です。

3 　**〜に する** 〜로 하다

① A　メニューは 何(なに)に しますか。

　　B　私(わたし)は ジュースに します。

② A　場所(ばしょ)は どこに しましょうか。

　　B　上野公園(うえのこうえん)に しましょう。

コンビニ 편의점(convenience store의 줄임말) | スポーツ 스포츠(sports) | デパート 백화점(department store) |

三番出口 さんばんでぐち 3번 출구 | メニュー 메뉴(menu) | ジュース 주스 (juice) | 場所 ばしょ 장소 |

※ 가능형 활용 연습 해답

의미	동사	가능형	의미	동사	가능형
사다	買う	買える	기다리다	待つ	待てる
쓰다	書く	書ける	이야기하다	話す	話せる
읽다	読む	読める	나가다	出る	出られる
보다	見る	見られる	하다	する	できる
놀다	遊ぶ	遊べる	되다	なる	なれる
걷다	歩く	歩ける	죽다	死ぬ	死ねる
쉬다	休む	休める	찍다	撮る	撮れる
먹다	食べる	食べられる	가르치다	教える	教えられる
헤엄치다	泳ぐ	泳げる	오다	来る	来られる
가다	行く	行ける	부르다	呼ぶ	呼べる
일하다	働く	働ける	마시다	飲む	飲める
자다	寝る	寝られる	듣다	聞く	聞ける
일어나다	起きる	起きられる	만들다	作る	作れる
만나다	会う	会える	돌아오다(가다)	帰る	帰れる
타다	乗る	乗れる	걸다	かける	かけられる
피우다, 빨다	吸う	吸える	씻다	洗う	洗える

패턴 연습

1.

보기

ピアノを 弾く

ピアノが 弾けますか。

→ はい、弾けます。

いいえ、弾けません。

1)

漢字を 書く

漢字が 書けますか。

→ _____。

_____。

2)

5:30

朝 早く 起きる

朝 早く 起きられますか。

→ _____。

_____。

3)

プールで 泳ぐ

プールで 泳げますか。

→ _____。

_____。

ц)

電話を 使う

電話が 使えますか。

→ _____。

_____。

ピアノを 弾ひく 피아노를 치다 | 漢字かんじ 한자 | 朝あさ 아침 | 早はやく 일찍 | プール 풀장(pool) |

泳およぐ 수영하다 | 使つかう 사용하다, 쓰다

2.

日本の 歌を 歌う

（〇 → <u>日本の 歌が 歌えます。</u>）

（✕ → <u>日本の 歌が 歌えません。</u>）

1)

スキーを する

→ _____。

2)

運転を する

→ _____。

3)

中国語で 話す

→ _____。

4)

お酒を 飲む

→ _____。

歌うたを 歌うたう 노래를 부르다 | スキーを する 스키를 타다 | 運転うんてん を する 운전을 하다 |

中国語ちゅうごくごで 話はなす 중국어로 이야기하다

독해·작문

 읽어 봅시다!

 Track 33

これは「ラブ」という映画(えいが)のパンフレットです。

私(わたし)は日本語(にほんご)ができるので、このパンフレットの日本語が読(よ)めます。

この映画は韓国人(かんこくじん)と日本人(にほんじん)との愛(あい)についての話(はなし)です。

20歳(はたち)以上(いじょう)の人(ひと)はこの映画が見(み)られますが、20歳未満(みまん)の人は見られません。

ラブ 사랑(love) | 映画えいが 영화 | パンフレット 팸플릿(pamphlet) | 愛あい 사랑 |

～についての+【명사】~에 대한 +【명사】| 話はなし 이야기 | 20歳はたち 20세 | 以上いじょう 이상 |

未満みまん 미만

 일본어로 써 봅시다!

1. 히라가나를 읽을 수 있습니까?

_____

2. 중학생은 이 영화를 볼 수 없습니다.

_____

3. 내일은 올 수 있습니까?

_____

🍵 한자 즐기기

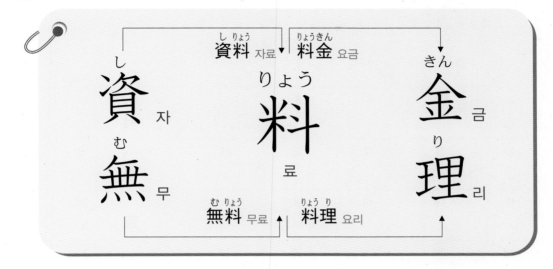

し りょう 資料 자료	りょうきん 料金 요금

資 자
む
無 무

りょう
料
료

きん
金 금
り
理 리

む りょう 無料 무료	りょう り 料理 요리

✏️ 써 봅시다!

うん てん **運転** 운전	運転			
そつ ぎょう しき **卒業式** 졸업식	卒業式			
み まん **未満** 미만	未満			
で ぐち **出口** 출구	出口			
あい **愛** 사랑	愛			
しゅっちょう **出張** 출장	出張			

듣기 연습

A. 두 사람의 대화를 듣고 언제 여행을 가기로 했는지 **1** **2** **3**번 중에서 고르세요.   Track 34

月	火	水	木	金	土	日
					1	2
3	4	5	6	7	8 **1**	9
10	11	12	13	14	15 **2**	16
17	18	19	20	21	22 **3**	23
24	25	26	27	28	29	30

정답 (   )

B. 하나코 씨에 대한 설명이 그림과 일치하면 ○, 일치하지 않으면 ×를 넣으세요.   Track 35

1) hello

(   )

2)

(   )

3)

(   )

ц)

(   )

1. 가능 표현 1

 Track 36

➜ 英語が できますか。
えいご

영어를 할 수 있습니까?

예 **A** <u>英語</u>が できますか。 영어를 할 수 있습니까?

B1 はい、すこし できます。 네, 조금 할 수 있습니다.

B2 いいえ、ぜんぜん できません。 아니요, 전혀 못합니다.

| 아래 낱말을 써서 밑줄 친 부분과 바꿔서 말해 보세요. |

韓国語かんこくご 한국어 | **中国語**ちゅうごくご 중국어 | **水泳**すいえい 수영 | **ゴルフ** 골프 |

スキー 스키 | **運転**うんてん 운전 | **フランス料理**りょうり 프랑스 요리

2. 가능 표현 2

➜ 辛い 料理が 食べられますか。
から　りょうり　　　　　た

매운 요리를 먹을 수 있습니까?

예 **A** 辛い 料理が 食べられますか。

매운 요리를 먹을 수 있습니까?

B1 はい、食べられます。大好きです。
だい す

네, 먹을 수 있습니다. 아주 좋아합니다.

B2 いいえ、私は 辛い 料理が 食べられません。
わたし

아니요, 저는 매운 요리를 못 먹습니다.

쉬어가기

● 일본의 새해

가도마츠(門松)와 도시코시소바(年越しそば)

일본은 우리와 다른 독특한 모습으로 새해를 맞이합니다. 새해를 맞이하는 준비는 전날인 12월 31일부터 시작되는데, '오소지(大掃除)'라는 대청소를 하고, 집 앞에는 정월 장식인 '가도마쓰(門松)'를 놓아 신과 사람을 맞이할 준비를 합니다. 그리고 저녁에는 '도시코시소바(年越しそば)'라는 메밀국수를 먹는데, 도시코시소바는 '해를 넘기는 국수'라는 뜻으로 한 해를 잘 정리하고, 새로운 해로 잘 이어가자는 의미가 있습니다.

▲ 도시코시소바　　▲ 집 앞에 놓인 가도마쓰

오조니(お雑煮)와 하츠모데(初詣)

새해의 먹을 거리도 빠뜨릴 수 없습니다. 일본에서는 우리나라의 떡국과 비슷한 '오조니(お雑煮)'와, 길(吉)한 음식을 찬합에 담아 먹는 '오세치료리(お節料理)'를 먹습니다. 또한 새해 처음으로 신사에 참배하는 '하츠모데(初詣)'를 합니다. 하츠모데에서는 부적을 사거나, 에마(絵馬)에 소원이나 목표를 적으며 좋은 한 해가 되기를 기원합니다. 또한 경내에서는 따뜻한 아마자케(甘酒)나 신주(神酒) 등을 팔기도 합니다.

▶ 오세치료리　　▲ 도쿄도 아사쿠사의 하츠모데 풍경

후쿠부쿠로(福袋)

백화점 등 거리의 상점 앞에서는 '후쿠부쿠로(福袋)'라는 '복주머니'를 쉽게 볼 수 있습니다. 후쿠부쿠로는 보통 천 엔에서 수십만 엔까지 가격이 천차만별인데, 후쿠부쿠로 안에는 그보다 3~5배 이상 되는 물건이 들어 있습니다. 최근에는 속이 보이는 봉투에 상품을 넣어 내용물을 미리 알 수 있게 한다든가 인터넷 판매를 하는 등 후쿠부쿠로도 다양화하고 있습니다. 일본의 후쿠부쿠로 행사는 새해에 빠질 수 없는 행사로, 우리나라에서도 이와 같은 행사를 하는 곳이 생겨나고 있습니다.

▶ 후쿠부쿠로

07

5時に 起きなければ なりません。

5시에 일어나지 않으면 안 됩니다.

포인트 스피치 Track 37

" 저는 백화점에서 아르바이트를 하고 있습니다.

백화점에서 여자는 유니폼을 입지 않으면 안 됩니다만,

남자는 입지 않아도 됩니다.

내일은 9시부터 아르바이트이기 때문에 일찍 일어나야 합니다.

私は デパートで バイトを して います。

デパートで 女の 人は 制服を 着なければ なりませんが、

男の 人は 着なくても いいです。

明日は 9時から バイトなので、早く 起きなければ なりません。 "

기본 회화

 Track 38

山田（やまだ）	恭子（きょうこ）さん、就職（しゅうしょく）おめでとうございます。
恭子（きょうこ）	ありがとうございます。
	でも、毎朝（まいあさ）5時（ごじ）に起（お）きなければ なりません。
山田	え〜、早（はや）いですね。土曜日（どようび）も 会社（かいしゃ）へ 行（い）くんですか。
恭子	いいえ、土曜日は 行（い）かなくても いいです。
山田	うちの 会社は 土曜日も 行かなければ なりません。
恭子	それは たいへんですね。
山田	恭子さん、出勤（しゅっきん）は いつからですか。
恭子	明日（あした）からです。
山田	じゃ、遅（おく）れないで くださいね。

就職（しゅうしょく）취직 | おめでとうございます 축하합니다 | でも 하지만, 그렇지만 | 毎朝（まいあさ）매일 아침 |

え 의아해서 물을 때의 감탄사 | 早（はや）い 이르다, 빠르다 | 大変（たいへん）だ 큰일이다 | 出勤（しゅっきん）출근 |

遅（おく）れる 늦다

문법 포인트

1 동사의 부정형

1그룹 동사 (5단동사)	u단 → a단 + ない (단, う로 끝나는 동사는 う → わ로 바꾼다)	예 会う → 会わない(○) 　会う → 会あない(×) 　ある → ない(○), あらない(×) 　読む → 読まない ★ 帰る → 帰らない
2그룹 동사 (상1단동사 하1단동사)	る + ない	いる → いない 見る → 見ない 食べる → 食べない
3그룹 동사 (カ행변격동사 サ행변격동사)	来る → 来ない する → しない	来る → 来ない 運動する → 運動しない

2 ない형 활용 문법

~ないで ください	~하지 말아 주세요	예 食べないで ください
~ない 方が いいです	~하지 않는 편이 좋습니다	예 食べない 方が いいです
~なければ なりません	~하지 않으면 안 됩니다	예 食べなければ なりません
~なくても いいです	~하지 않아도 됩니다	예 食べなくても いいです
~ないで	~하지 않고(나열, 열거)	예 食べないで

※ 부정형 활용 연습 (해답 98쪽)

의미	동사	ない형	의미	동사	ない형
사다	買う		기다리다	待つ	
쓰다	書く		이야기하다	話す	
읽다	読む		나가다	出る	
보다	見る		하다	する	
놀다	遊ぶ		되다	なる	
걷다	歩く		죽다	死ぬ	
쉬다	休む		찍다	撮る	
먹다	食べる		가르치다	教える	
헤엄치다	泳ぐ		오다	来る	
가다	行く		부르다	呼ぶ	
일하다	働く		마시다	飲む	
자다	寝る		듣다	聞く	
일어나다	起きる		만들다	作る	
만나다	会う		돌아오다(가다)	帰る	
타다	乗る		걸다	かける	
피우다, 빨다	吸う		씻다	洗う	

3 ～なければ なりません
～なければ いけません ～하지 않으면 안 됩니다, ～해야 합니다

一生懸命 勉強しなければ なりません。

会社では 制服を 着なければ なりません。

7時までに 着かなければ いけません。

4 ～なくても いいです ～하지 않아도 됩니다

日本語で 話さなくても いいです。

明日は バイトに 来なくても いいです。

仕事を やめなくても いいです。

5 ～ないで ください ～하지 마세요, ～하지 말아 주세요

ここで たばこを 吸わないで ください。

ここで 写真を 撮らないで ください。

ビールを 飲んで 車を 運転しないで ください。

一生懸命いっしょうけんめい 열심히 | 制服せいふく 제복 | 着きる 입다 | ～までに ～까지 |

着つく 도착하다 | バイト 아르바이트(アルバイト의 줄임말) | 仕事しごとを やめる 일을 그만두다 |

たばこを 吸すう 담배를 피우다 | 写真しゃしんを 撮とる 사진을 찍다 | ビール 맥주(beer) |

6 〜んです 〜인 것입니다, 〜인데요(회화체 표현)

[명사]

明日は キムさんの 誕生日なんです。

[い형용사]

とても おいしいんです。

[な형용사]

交通は 便利なんです。

[동사]

暇な 時は 何を するんですか。

よく わからないんです。

誕生日たんじょうび 생일 | 交通こうつう 교통 | 便利べんりだ 편리하다 | 暇ひまだ 한가하다 | 時とき 때 |

よく 잘, 자주 | わかる 알다, 이해하다

문법 포인트

※ 부정형 활용 연습 해답

의미	동사	ない형	의미	동사	ない형
사다	買う	買わない	기다리다	待つ	待たない
쓰다	書く	書かない	이야기하다	話す	話さない
읽다	読む	読まない	나가다	出る	出ない
보다	見る	見ない	하다	する	しない
놀다	遊ぶ	遊ばない	되다	なる	ならない
걷다	歩く	歩かない	죽다	死ぬ	死なない
쉬다	休む	休まない	찍다	撮る	撮らない
먹다	食べる	食べない	가르치다	教える	教えない
헤엄치다	泳ぐ	泳がない	오다	来る	来ない
가다	行く	行かない	부르다	呼ぶ	呼ばない
일하다	働く	働かない	마시다	飲む	飲まない
자다	寝る	寝ない	듣다	聞く	聞かない
일어나다	起きる	起きない	만들다	作る	作らない
만나다	会う	会わない	돌아오다	帰る	帰らない
타다	乗る	乗らない	걸다	かける	かけない
피우다, 빨다	吸う	吸わない	씻다	洗う	洗わない

패턴 연습

1.

試験を 受ける → 試験を <u>受けなければ なりません</u>。

1) 友達に 会う → 友達に＿＿＿＿＿＿＿＿＿＿＿＿＿＿＿＿＿＿＿＿。

2) 電車に 乗る → 電車に＿＿＿＿＿＿＿＿＿＿＿＿＿＿＿＿＿＿＿＿。

3) 授業を 受ける → 授業を＿＿＿＿＿＿＿＿＿＿＿＿＿＿＿＿＿＿＿＿。

2.

キムさんに 電話する → キムさんに <u>電話しなくても いいです</u>。

1) 掃除を する → 掃除を＿＿＿＿＿＿＿＿＿＿＿＿＿＿＿＿＿＿＿＿。

2) お金を 払う → お金を＿＿＿＿＿＿＿＿＿＿＿＿＿＿＿＿＿＿＿＿。

3) 買い物に 行く → 買い物に＿＿＿＿＿＿＿＿＿＿＿＿＿＿＿＿＿＿＿。

試験しけんを 受うける 시험을 보다(치르다) | 電車でんしゃに 乗のる 전철을 타다 |

授業じゅぎょうを 受うける 수업을 듣다 | 掃除そうじ 청소 | お金かね 돈 | 払はらう 지불하다 |

買かい物ものに 行いく 쇼핑을 하러 가다

패턴 연습

3.

보기

話す → 隣の 人と 話さないで ください。

1) 映画を 見る → 20歳未満の 人は この_____。

2) 電話を する → 夜遅く_____。

3) 病院へ 来る → 明日は 休みなので_____。

4.

보기

タクシーに 乗る → 夜 遅く タクシーに 乗らない 方が いいです。

1) 触る → 人の 物に_____。

2) 車を 止める → ここに_____。

3) ガムを かむ → 授業中に_____。

隣となり 옆 | 未満みまん 미만 | 休やすみ 휴일 | 病院びょういん 병원 | 触さわる 손대다, 만지다 |

物もの 물건, 것 | 車くるまを 止とめる 차를 세우다 | ガムを かむ 껌을 씹다 |

授業中じゅぎょうちゅう 수업 중

5. 다음 예와 같이 표를 완성하세요.

예	学生 학생	学生なんです 学生じゃないんです	学生だったんです 学生じゃなかったんです
명 사	会社員 회사원		
	休み 휴일		
예	おいしい 맛있다	おいしいんです おいしくないんです	おいしかったんです おいしくなかったんです
이 형 용 사	高い 비싸다		
	忙しい 바쁘다		
예	有名だ 유명하다	有名なんです 有名じゃないんです	有名だったんです 有名じゃなかったんです
な 형 용 사	きれいだ 예쁘다		
	便利だ 편리하다		
예	行く 가다	行くんです 行かないんです	行ったんです 行かなかったんです
동 사	食べる 먹다		
	する 하다		

독해·작문

 읽어 봅시다!

 Track 39

家^{うち}から学校^{がっこう}まで約^{やく}1時間^{いちじかん}ぐらいかかるので、私^{わたし}は朝^{あさ}早^{はや}く起^おきなければなりません。時々^{ときどき}、朝^{あさ}ご飯^{はん}を食^たべないで、行^いくこともあります。明日^{あした}の授業^{じゅぎょう}は午後^{ごご}2時^じに始^{はじ}まりますから、急^{いそ}がなくてもいいです。来週^{らいしゅう}の月曜日^{げつようび}にはテストがあるので、一生懸命勉強^{いっしょうけんめいべんきょう}しなければなりません。

家うち (우리) 집 | 約1時間やくいちじかん 약 1시간 | 時々ときどき 때때로, 종종 | 授業じゅぎょう 수업 |

午後ごご 오후 | 始はじまる 시작되다 | 急いそぐ 서두르다 | テスト 시험, 테스트(test) |

～ので ～이기 때문에 | 一生懸命いっしょうけんめい 열심히

 일본어로 써 봅시다!

1. 여기에서 사진을 찍지 마세요.

_____

2. 내일은 휴일이라서 학교에 가지 않아도 됩니다.

_____

3. 일본어로 이야기하지 않으면 안 됩니다.

_____

3. 日本語(にほんご)で 話(はな)さなければ なりません。
2. 明日(あした)は 休(やす)みなので 学校(がっこう)へ 行(い)かなくても いいです。
정답 1. ここで 写真(しゃしん)を 撮(と)らないで ください。

한자 연습

🍵 한자 즐기기

交信 교신 → 発信 발신

交 교
通 통

信 신

発 발
送 송

通信 통신 → 送信 송신

🥄 써 봅시다!

夜 밤, 저녁	夜			
出勤 출근	出勤			
制服 제복, 유니폼	制服			
就職 취직	就職			
授業 수업	授業			
試験 시험	試験			

듣기 연습

A. 스즈키 씨의 회사 유니폼은 다음 중 어느 것인지 고르세요.　 Track 40

1)

2)

3)

ㄴ)

정답 (　　　　　)

B. 내용을 듣고 그림과 일치하면 ○, 일치하지 않으면 ×를 넣으세요.　 Track 41

1)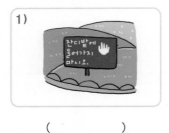

(　　　　　)

2)

(　　　　　)

3)

(　　　　　)

ㄴ)

(　　　　　)

회화 플러스

1. 의무 표현

 Track 42

→ 明日<small>あした</small>は 何<small>なに</small>を しなければ なりませんか。

내일은 무엇을 하지 않으면 안 됩니까?

예 **A** 明日<small>あした</small>は 何<small>なに</small>を しなければ なりませんか。

내일은 무엇을 하지 않으면 안 됩니까?

B 明日<small>あした</small>は 出勤<small>しゅっきん</small>しなければ なりません。 내일은 출근해야 합니다.

| 아래 낱말을 써서 밑줄 친 부분과 바꿔서 말해 보세요. |

週末<small>しゅうまつ</small> 주말 | 発表<small>はっぴょう</small>の 準備<small>じゅんび</small>を する 발표 준비를 하다 |

漢字<small>かんじ</small>を 覚<small>おぼ</small>える 한자를 외우다 | 結婚式<small>けっこんしき</small>に 行<small>い</small>く 결혼식에 가다 |

5時<small>じ</small>ごろに 起<small>お</small>きる 5시에 일어나다 | 部屋<small>へや</small>の 掃除<small>そうじ</small>を する 방 청소를 하다

2. 생각에 대한 질문

→ 愛<small>あい</small>してない 人<small>ひと</small>と 結婚<small>けっこん</small>できると 思<small>おも</small>いますか。

사랑하지 않는 사람과 결혼할 수 있다고 생각합니까?

예 **A** 愛<small>あい</small>してない 人<small>ひと</small>と 結婚<small>けっこん</small>できると 思<small>おも</small>いますか。

사랑하지 않는 사람과 결혼할 수 있다고 생각합니까?

B1 はい、できると 思<small>おも</small>います。 네, 할 수 있다고 생각합니다.

B2 いいえ、できないと 思<small>おも</small>います。 아뇨, 할 수 없다고 생각합니다.

● 일본의 밸런타인데이

2월 14일은 세계적으로 유명한 기념일인 밸런타인데이입니다. 일본 역시 밸런타인데이를 기념하는데, 일본만의 독특한 문화가 있습니다. 우리와 달리 여성이 남성에게 주는 두 가지 초콜릿이 있고, 그 의미가 각각 다릅니다. 바로 '혼메이초코(本命チョコ)'와 '기리초코(義理チョコ)'입니다.

'혼메이초코'는 사랑하는 연인이나 진심으로 고백을 하려는 사람에게 주는 초콜릿이고, '기리초코'는 직장 동료나 상사, 친한 이성 친구에게 주는 초콜릿을 말합니다.

'혼메이초코'는 마음에 드는 남성에게 주는 초콜릿인 만큼 정성을 담아 직접 만들거나, 고급 초콜릿을 선물하고, '기리초코'의 경우에는 평소의 감사의 마음을 담아, 부담 없이 나눠 줄 수 있을 정도의 초콜릿을 여러 사람에게 선물합니다.

▲ 이성 친구에게 주는 '기리초코'의 예

◀ 정성이 담긴 '혼메이초코'의 예

화이트데이에는 우리나라와 마찬가지로 초콜릿을 받은 남성이 여성에게 보답의 선물을 줍니다. 밸런타인데이에 '기리초코'를 받은 경우에는 보통은 자신이 받은 선물과 비슷한 금액의 쿠키나 사탕 등으로 돌려주는 경우가 많습니다.

'혼메이초코'를 받았을 때는 자신이 받은 것보다 조금 더 가격이 높은 선물로 보답을 하는데요, '화이트데이 보답은 3배로 돌려준다(ホワイトデーは３倍返し)'라는 말이 있을 정도였지만, 요즘은 합리적인 가격에 맞춰 보답하는 추세라고 합니다.

08

土曜日に 結婚するそうです。
土曜日（どようび）／結婚（けっこん）

토요일에 결혼한다고 합니다.

" 일기 예보에 의하면 오늘은 비가 온다고 합니다.
비 오는 날은 길이 막히기 때문에 전철을 타고 학교에 가려고 합니다.
하지만, 오늘은 전철도 사람이 많을 것 같습니다.

天気予報（てんきよほう）に よると 今日（きょう）は 雨（あめ）が 降（ふ）るそうです。

雨（あめ）の 日（ひ）は 道（みち）が 混（こ）むので、電車（でんしゃ）に 乗（の）って 学校（がっこう）へ 行（い）こうと 思（おも）って います。

でも、今日（きょう）は 電車（でんしゃ）も 人（ひと）が 多（おお）そうです。"

Track 44

〈招待状を 見ながら〉

木村	これ、何ですか。
恭子	招待状です。 土曜日に 恵美さんが 結婚するそうです。
木村	へぇ、こちらが フィアンセですか。優しそうですね。
	ところで、恭子さんは 恵美さんの 結婚式に 行きますか。
恭子	はい、バイトが 終わってから 行こうと 思って いますが。
木村	新婚旅行は どこに 行くんですか。
恭子	ヨーロッパに 行くそうですよ。
木村	うらやましいですね。私も 早く 結婚したいですね。

招待状しょうたいじょう 초대장 | 結婚けっこん 결혼 | フィアンセ 애인(fiance), 결혼할 사람 |

優やさしい 자상하다, 상냥하다 | ところで 그런데 | 結婚式けっこんしき 결혼식 | 終おわる 끝나다, 마치다 |

新婚旅行しんこんりょこう 신혼여행 | ヨーロッパ 유럽(Europe) | うらやましい 부럽다 |

結婚けっこんしたい 결혼하고 싶다

1 そうだ 용법

	전문(伝聞)의 そうだ 〜라고 한다	추측·양태의 そうだ 〜인 것 같다
명사(N)	명사(N) + だ + そうだ 예 韓国人だそうです 한국인이라고 합니다	×
い형용사	〜い + そうだ 예 おいしいそうです 맛있다고 합니다	〜い そうだ 예 おいしそうです 맛있을 것 같습니다
な형용사	〜だ + そうだ 예 まじめだそうです 성실하다고 합니다	〜だ そうだ 예 まじめそうです 성실한 것 같습니다
동사(V)	기본체 + そうだ 예 雨が 降るそうです 비가 온다고 합니다	ます형 + そうだ 예 雨が 降りそうです 비가 내릴 것 같습니다

※ いい와 ない에 붙는 そうだ (추측·양태)

いい → よさそうだ (○)　いさそうだ (×)

　예 性格が よさそうですね。 성격이 좋은 것 같군요.

ない → なさそうだ (○)　なそうだ (×)

　예 お金は あまり なさそうです。 돈은 별로 없는 것 같습니다.

　　忙しく なさそうです。 바쁘지 않아 보입니다.

※ そうだ의 품사별 사용 예

명사(N)	キムさんの 彼氏(かれし)は 日本人(にほんじん)だそうです。〈전문〉
い형용사	キムさんの お母(かあ)さんは 優(やさ)しいそうです。〈전문〉
	キムさんの お母さんは 優しそうです。〈추측·양태〉
な형용사	田中(たなか)さんは スポーツが 上手(じょうず)だそうです。〈전문〉
	田中さんは スポーツが 上手そうです。〈추측·양태〉
동사(V)	天気予報(てんきよほう)に よると 明日(あした)は 雨(あめ)が 降(ふ)るそうです。〈전문〉
	今(いま)にも 雨が 降りそうです。〈추측·양태〉

[참고] 전문의 そうだ 의 경우

명사·형용사·동사의 현재형, 부정형, 과거형, 과거부정형 등도 같은 방법으로 활용한다.

🔲 おいしいそうです。(기본형)

おいしくないそうです。(부정형)

おいしかったそうです。(과거형)

おいしくなかったそうです。(과거부정형)

性格せいかく 성격 | **彼氏**かれし 남자 친구, 그이 | **お母**かあ**さん** 어머니 | **優**やさ**しい** 자상하다, 상냥하다 |

上手じょうずだ 잘하다 | **天気予報**てんきよほう 일기예보 | **～に よると** ~에 의하면, ~에 따르면 |

今いま**にも** 지금이라도, 당장이라도

문법 포인트

2 기본체 + そうです。 전문의 そうだ

キムさんは 来年の 9月に 日本へ 留学するそうです。

青木さんは 10時に 出発したそうです。

山田さんは 残業で 行けないそうです。

3 〜 い + そうです。 추측 · 양태의 そうだ

この チーズケーキ、 とても おいしそうですね。

キムさんの お兄さんは 頭が よさそうです。

> [비교] 전문의 そうだ : 〜い + そうだ
>
> あの 店の ケーキは とても おいしいそうです。
> 저 가게의 케이크는 매우 맛있다고 합니다.

来年らいねん 내년 | 9月くがつ 9월 | 留学りゅうがく 유학 | 出発しゅっぱつ 출발 | 残業ざんぎょう 잔업, 야근 |

行いけない 갈 수 없다 | チーズケーキ 치즈케이크(cheesecake) | 頭あたま 머리 | 店みせ 가게

(1) 동사의 의지형

1그룹 동사 (5단동사)	u단 → o단 + う	예 会う → 会おう 行く → 行こう ★ 帰る → 帰ろう
2그룹 동사 (상1단동사 하1단동사)	る + よう	見る → 見よう 起きる → 起きよう 食べる → 食べよう
3그룹 동사 (カ행변격동사 サ행변격동사)	来る → 来よう する → しよう	来る → 来よう 結婚する → 結婚しよう

① ～(よ)う と 思います ～하려고 합니다(의지형)

② ～(よ)う ～하자(권유형)

③ ～(よ)う ～해야지(의지형) → 본인의 의지

(2) つもり (확실하지 않은 주관적인) 생각 · 예정

土曜日に 友達と 映画を 見る つもりです。 토요일에 친구와 영화를 볼 생각입니다.

(3) 予定 (확정적인) 예정

汽車は 3時に 出発する 予定です。 기차는 3시에 출발할 예정입니다.

汽車きしゃ 기차 | 予定よてい 예정

문법 포인트

※ 의지형 활용 연습 (해답 116쪽)

의미	동사	의지형	의미	동사	의지형
사다	買う		기다리다	待つ	
쓰다	書く		이야기하다	話す	
읽다	読む		나가다	出る	
보다	見る		하다	する	
놀다	遊ぶ		되다	なる	
걷다	歩く		죽다	死ぬ	
쉬다	休む		찍다	撮る	
먹다	食べる		가르치다	教える	
헤엄치다	泳ぐ		오다	来る	
가다	行く		부르다	呼ぶ	
일하다	働く		마시다	飲む	
자다	寝る		듣다	聞く	
일어나다	起きる		만들다	作る	
만나다	会う		돌아오다(가다)	帰る	
타다	乗る		걸다	かける	
피우다, 빨다	吸う		씻다	洗う	

5 ～（よ）うと　思います。 ～하려고 합니다

木村さんに 日本語で 手紙を 書こうと 思います。

毎日 単語を 五つずつ 覚えようと 思います。

一生懸命 勉強しようと 思います。

[권유·본인의 의지·다짐·독백] ～하자

木村さんに 日本語で 手紙を 書こう。

毎日 単語を 五つずつ 覚えよう。

一生懸命 勉強しよう。

手紙てがみ 편지 | 毎日まいにち 매일 | 単語たんご 단어 | ～ずつ ～씩 | 覚おぼえる 외우다 |

一生懸命いっしょうけんめい 열심히

문법 포인트

※ 의지형 활용 연습 해답

의미	동사	의지형	의미	동사	의지형
사다	買う	買おう	기다리다	待つ	待とう
쓰다	書く	書こう	이야기하다	話す	話そう
읽다	読む	読もう	나가다	出る	出よう
보다	見る	見よう	하다	する	しよう
놀다	遊ぶ	遊ぼう	되다	なる	なろう
걷다	歩く	歩こう	죽다	死ぬ	死のう
쉬다	休む	休もう	찍다	撮る	撮ろう
먹다	食べる	食べよう	가르치다	教える	教えよう
헤엄치다	泳ぐ	泳ごう	오다	来る	来よう
가다	行く	行こう	부르다	呼ぶ	呼ぼう
일하다	働く	働こう	마시다	飲む	飲もう
자다	寝る	寝よう	듣다	聞く	聞こう
일어나다	起きる	起きよう	만들다	作る	作ろう
만나다	会う	会おう	돌아오다(가다)	帰る	帰ろう
타다	乗る	乗ろう	걸다	かける	かけよう
피우다, 빨다	吸う	吸おう	씻다	洗う	洗おう

1.

雨が 降る

→ 天気予報に よると 明日は <u>雨が 降るそうです</u>。

1)

おもしろい

→ キムさんの 話に よると あの 映画は とても

_____ 。

2)

物価が 高く なる

→ ニュースに よると 来年から

_____ 。

3)

晴れる

→ 天気予報に よると 午後から

_____ 。

4)

歌が 上手だ

→ 山田さんの 話に よると 恭子さんは とても

_____ 。

~に よると ～에 의하면, ～에 따르면 | 話はなし 이야기 | 物価ぶっか 물가 | ニュース 뉴스(News) |

歌うた 노래

패턴 연습

2.

雨^{あめ}が 降^ふる

→ 今^{いま}にも <u>雨が 降りそうです</u>。

1)

性格^{せいかく}が いい

→ 青木^{あおき}さんは 性格が＿＿＿＿＿＿＿＿＿＿＿＿＿＿＿＿。

2)

落^おちる

→ 危^{あぶ}ないです。 かびんが ＿＿＿＿＿＿＿＿＿＿＿＿。

3)

泣^なく

→ あの子は 今にも＿＿＿＿＿＿＿＿＿＿＿＿＿＿＿。

ц)

おいしい

→ この クッキーは＿＿＿＿＿＿＿＿＿＿＿＿＿＿＿＿。

落^おちる 떨어지다 | 危^{あぶ}ない 위험하다 | かびん 꽃병 | 泣^なく 울다 | クッキー 쿠키(cookie)

3.

英語を 教える

→ 学校で 英語を 教えようと 思います。

1)
電話を かける

→ 恵子さんに _____。

2)
中国語の 授業を 受ける

→ 会社で_____。

3)
山に 登る

→ 休みに 友達と_____。

4)
地下鉄に 乗る

→ 道路が 混むから_____。

教おしえる 가르치다 | 授業じゅぎょうを 受うける 수업을 듣다 | 山やまに 登のぼる 산에 오르다 |

休やすみ 휴일, 휴가 | 地下鉄ちかてつに 乗のる 지하철을 타다 | 道路どうろ 도로 | 混こむ 막히다, 붐비다 |

〜から 〜이기 때문에

독해·작문

📖 **읽어 봅시다!** 🎵 Track 45

私は週末、友達と済州島へ遊びに行こうと思います。

しかし、ニュースによると明日から日曜日までずっと雨が降るそうです。それで、昨日友達に電話をして聞いてみました。友達は天気が悪くても行こうと言いました。私たちは予定どおり行くことにしましたが、今にも雨が降りそうなので、ちょっと心配です。

週末しゅうまつ 주말 | 済州島チェジュド 제주도 | 遊あそびに 行いく 놀러 가다 |

〜と 思おもいます 〜하려고 합니다 | しかし 그러나 | ずっと 쭉, 훨씬 | それで 그래서 |

私わたしたち 우리들 | 予定よていどおり 예정대로 | 【동사 기본형】＋ことにする 〜하기로 하다 |

今いまにも 지금이라도 | ちょっと 좀, 약간 | 心配しんぱい 걱정, 염려

✏️ **일본어로 써 봅시다!**

1. 일기 예보에 의하면 내일은 눈이 온다고 합니다.

_____

2. 다나카 씨는 성실해 보입니다(성실한 것 같습니다).

_____

3. 7시에 친구를 만나서 영화를 보려고 합니다.

_____

정답 1. 天気予報(てんきよほう)によると 明日(あした)は 雪(ゆき)が 降(ふ)るそうです。
2. 田中(たなか)さんは まじめそうです。
3. 7時(しちじ)に 友達(ともだち)に 会(あ)って 映画(えいが)を 見(み)ようと 思(おも)います。

한자 연습

한자 즐기기

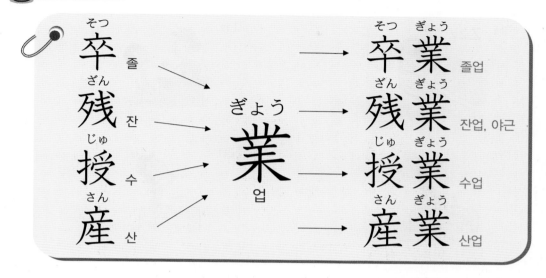

卒　졸
残　잔
授　주
産　산

ぎょう
業　업

→　卒業　졸업
→　残業　잔업, 야근
→　授業　수업
→　産業　산업

써 봅시다!

てんきよほう 天気予報 일기 예보	天気予報			
どうろ 道路 도로	道路			
じゅんび 準備 준비	準備			
ざんぎょう 残業 잔업, 야근	残業			
ぶっか 物価 물가	物価			
ちかてつ 地下鉄 지하철	地下鉄			

듣기 연습

A. 다음 내용을 듣고 진행되는 순서를 적으세요.

 Track 46

가)

나)

다)

라)

(   ) — (   ) — (   ) — (   )

B. 내용을 듣고 그림과 일치하면 ○, 일치하지 않으면 ×를 넣으세요.

 Track 47

1)

(   )

2)

(   )

3)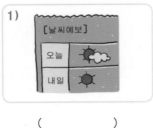

(   )

4)

(   )

회화 플러스

1. 날씨

 Track 48

→ 今日の 天気は どうでしょうか。
きょう　　　 てんき

오늘의 날씨는 어떨까요?

예 A 今日の 天気は どうでしょうか。

오늘의 날씨는 어떨까요?

B 天気予報に よると 雨が 降るそうです。
てんき よほう　　　　　 あめ　 ふ

일기 예보에 따르면 비가 온다고 합니다.

| 아래 낱말을 써서 밑줄 친 부분과 바꿔서 말해 보세요. |

雨あめが やむ 비가 그치다 | 雪ゆきが 降ふる 눈이 오다 | 風かぜが 吹ふく 바람이 불다 |

晴はれる 맑다 | 曇くもる 흐리다 | 台風たいふうが 来くる 태풍이 오다

2. 예정, 일정

→ 会社が 終わってから 何を する つもりですか。
かいしゃ　　 お　　　　　 なに

회사가 끝나고 나서 무엇을 할 생각입니까?

예 A 会社が 終わってから 何を する つもりですか。

회사가 끝나고 나서 무엇을 할 생각입니까?

B 友達と 一緒に 食事を しようと 思います。
ともだち　 いっしょ　 しょくじ　　　　　 おも

친구와 함께 식사를 할 생각입니다.

| 아래 낱말을 써서 밑줄 친 부분과 바꿔서 말해 보세요. |

仕事しごと 일 | バイト 아르바이트 | 同僚どうりょう 동료 | 演劇えんげきを 見みる 연극을 보다 |

先輩せんぱいに 会あう 선배를 만나다 | 飲のみ会かいに 行いく 회식, 술자리에 가다 |

コンサートに 行いく 콘서트에 가다 | レポートを 書かく 레포트를 쓰다

● 세쓰분

마메마키(豆まき)

　일본의 '절분'인 '세쓰분(節分)'은 입춘 전날을 말합니다. 입춘 전날은 보통 해에 따라 다르지만, 보통 2월 3일 전후가 됩니다. 세쓰분 저녁에는 '마메마키(豆まき)'라 하여 집 안에서 콩을 뿌리는 의식을 거행하는데, 이때 '오니와 소토, 후쿠와 우치(鬼は外、福は家, 귀신은 밖으로, 복은 집으로)라고 외칩니다. 보통 가족 중 한 명이 도깨비 가면을 쓰고 돌아다니면, 아이들이 도깨비를 찾아다니며 콩을 도깨비에게 뿌립니다. 이때 도깨비 역할은 주로 아버지가 하며, 아버지가 쓰는 도깨비 가면은 학교나 유치원에서 아이들이 직접 만들기도 합니다. '마메마키'를 마친 후에는 자신의 나이만큼 혹은, 나이보다 1을 더한 만큼의 콩을 먹는데, 이러한 의식은 모두 봄을 맞이하기 전에 액운을 쫓아내고 행운을 부른다는 의미가 담겨 있습니다.

▲ 세쓰분의 또 다른 대표 음식 정어리

▲ 도깨비 가면과 콩

에호마키 (恵方巻き)

　또한 '세쓰분'에는 볶은 콩 외에도 에호마키(恵方巻き)라는 것을 먹는데 '에호마키'는 우리나라의 김밥과 그 모습이 비슷하지만 매우 굵습니다. '에호'라는 것은 길(吉)한 방향을 뜻하는데, 길한 방향을 향해 말을 하지 않고 '에호마키'를 먹으면 운이 좋아진다고 일컬어집니다.

전국의 마메마키 행사

　일본 전역의 신사에서도 성대하게 마메마키 행사를 하는데, 이때 각 신사에는 수많은 인파가 모여듭니다. 신사에서는 관광객에게 콩을 뿌리고, 관광객들은 이 콩을 받으려 합니다. 행사의 방법과 시기는 지역과 신사에 따라 다르기 때문에 행사에 참석하고자 한다면 가고자 하는 신사의 행사 일정을 확인해야 합니다.

▲ 신사의 마메마키 행사

▲ 에호마키

09

まるで
天使の ようですね。

마치 천사와 같군요.

포인트 스피치 Track 49

" 이 사진의 여성은 기무라 씨의 여동생입니다.

그녀는 올해 중학교 3학년이고, 참 귀엽습니다.

마치 인형 같습니다. 하지만, 성격은 남자아이 같습니다.

この 写真の 女の人は 木村さんの 妹さんです。

彼女は 今年 中学 3年生で、とても かわいいです。

まるで 人形の ようです。でも、性格は 男の子みたいです。 "

Track 50

田中 木村さんの 彼女は 毎週 土曜日に 病院で ボランティアを

している そうです。

恭子 へぇー、まるで 天使の ようですね。

いつから して いるんですか。

田中 一年以上 ずっと 続けて いるらしいですよ。

恭子 えらいですね。

田中 それに 女らしくて きれいで、ナイチンゲールの ような

人に なりたいそうです。

ボランティア 봉사활동, 자원봉사(volunteer) | まるで 마치 | 天使てんし 천사 |

続つづける 계속하다, 지속하다 | えらい 훌륭하다 | それに 게다가 | 女おんならしい 여성스럽다 |

ナイチンゲールの ような 人ひと 나이팅게일 같은 사람 |【명사】+ に なりたい ~이 되고 싶다

① ようだ（～ようだ・～ような ＋N・～ように）

접속 품사	ようだ	みたいだ(회화체)
명사(N)	명사(N) ＋ の ＋ようだ	명사(N) ＋ みたいだ
い형용사	～い ＋ ようだ	～い ＋ みたいだ
な형용사	だ → な ＋ ようだ	～だ ＋ みたいだ
동사(V)	기본체 ＋ ようだ	기본체 ＋ みたいだ

① 비유 (마치 ～와 같다)

まるで 夢のようです。（＝夢みたいです）

これは まるで 本物のようです。（＝本物みたいです）

② 추측 (불확실한 정보(감각)·근거에 의한 주관적인 추측)

明日は 雪が 降るようです。（＝降るみたいです）

佐藤さんは あまり 勉強しないようです。

（＝勉強しないみたいです）

夢ゆめ 꿈 | 本物ほんもの 진품, 진짜

② らしい（～らしい・～らしく・～らしくて）

접속 품사	らしい
명사(N)	명사(N) + らしい
い형용사	～い + らしい
な형용사	～だ + らしい
동사(V)	기본체 + らしい

① 추측(불확실한 전문에 의한 추측)

あの 歌手は かなり 有名らしいです。

山田さんは 今日 調子が 悪いらしいです。

② ～답다

キムさんは 男らしい。

妹は 女らしく ない タイプです。

かなり 꽤, 제법 | 調子ちょうしが 悪わるい 컨디션이 나쁘다 | 男おとこらしい 남자답다 |

妹いもうと 여동생 | タイプ 타입(type)

③ 명사 + の + ようだ (마치) ~와 같다

この 方が お母さんですか。 まるで お姉さんの ようですね。

(＝お姉さんみたいですね)

今日の かっこうは まるで 学生の ようですね。

(＝学生みたいですね)

④ ～みたいだ (＝～ようだ) ~인 것 같다 (추측)

佐藤さんは キムさんに 気が あるみたいです。

(＝気が あるようです)

どうも 風邪を 引いたみたいです。 (＝引いたようです)

山田さんは 魚が あまり 好きじゃないみたいです。

(＝好きじゃないようです)

方かた 분 | お母かあさん 어머니 | お姉ねえさん 언니 | かっこう 옷차림 | 気きが ある 마음이 있다 |

どうも 아무래도 | 風邪かぜを 引ひく 감기에 걸리다 | 魚さかな 생선

5 〜らしい (추측) ~인 것 같다

田中さんは バスで 来るらしいですが…。

弟は 彼女が いるらしいです。

来週から 寒く なるらしいです。

6 명사 + らしい ~답다

私は 男らしくて まじめな 人が 好きです。

ムンさんは 女らしい タイプです。

それは 学生らしく ない 行動です。

[참고]

	そうだ (전문)	そうだ (추측)	ようだ	みたいだ (ようだ회화체)	らしい
명사(N)	명사(N)+だ +そうだ	×	명사(N) +の+ようだ	명사(N) +みたいだ	명사(N) +らしい
い형용사	〜い +そうだ	〜い̸ +そうだ	〜い +ようだ	〜い +みたいだ	〜い +らしい
な형용사	〜だ +そうだ	〜だ̸ +そうだ	〜だ → な +ようだ	〜だ̸ +みたいだ	〜だ̸ +らしい
동사(V)	기본체 +そうだ	ます형 +そうだ	기본체 +ようだ	기본체 +みたいだ	기본체 +らしい

バス 버스(bus) | 弟おとうと 남동생 | 彼女かのじょ 여자 친구 | 来週らいしゅう 다음 주 |

寒さむく なる 추워지다 | 行動こうどう 행동

패턴 연습

1.

キムさんは 論文を 書きます。

→ 書くらしいです。

1)

木村さんは もう いません。

→ _____。

2)

青木さんは 今度の ピクニックには 行きません。

→ _____。

3)

手術の 後は とても 痛いです。

→ _____。

4)

祭りは たいへん にぎやかです。

→ _____。

論文ろんぶん 논문 | 今度こんど 이번 | ピクニック 피크닉(picnic), 소풍 | 手術しゅじゅつ 수술 |

後あと 후, 나중 | 痛いたい 아프다 | 祭まつり 축제 | たいへん 매우 | にぎやかだ 번화하다, 활기차다

2.

보기

雨<ruby>あめ</ruby>が 降<ruby>ふ</ruby>る。

→　雨が 降る<u>ようです</u>。

1)

あの ホテルは <u>静<ruby>しず</ruby>かだ</u>。

→　あの ホテルは＿＿＿＿＿＿＿＿＿＿＿＿＿＿＿＿。

2)

里美<ruby>さとみ</ruby>さんは 料理<ruby>りょうり</ruby>が <u>上手<ruby>じょうず</ruby>だ</u>。

→　里美さんは 料理が＿＿＿＿＿＿＿＿＿＿＿＿＿。

3)

事故<ruby>じこ</ruby>が <u>あった</u>。

→　事故が＿＿＿＿＿＿＿＿＿＿＿＿＿＿＿＿＿。

4)

韓国<ruby>かんこく</ruby>より 日本<ruby>にほん</ruby>の 物価<ruby>ぶっか</ruby>の 方<ruby>ほう</ruby>が <u>高<ruby>たか</ruby>い</u>。

→　韓国より 日本の 物価の 方が＿＿＿＿＿＿＿＿。

ホテル 호텔(hotel) | 静<ruby>しず</ruby>かだ 조용하다 | 上手<ruby>じょうず</ruby>だ 잘하다, 능숙하다 |

事故<ruby>じこ</ruby>が ある 사고가 나다 | ～より ～보다 | 物価<ruby>ぶっか</ruby> 물가 | ～方<ruby>ほう</ruby> ～쪽, ～편

독해·작문

읽어 봅시다!

 Track 51

恵美ちゃんは私と同い年なのに、行動とか話し方を見ると、
まるでお姉さんのようだ。 彼女は女らしくて親切だから、
男の子たちに人気がたくさんあるようだ。
明日は休みなので、恵美ちゃんの家に遊びに行こうと思う。一緒に
ビデオを見たり、コーヒーを飲みながら話したりしようと思う。

~ちゃん ~さん보다 친근한 호칭 | 同おない年どし 동갑 | ~とか ~라든가 |

話はなし方かた 말투, 말하는 법 | 男おとこの子こたち 남자아이들 |

人気にんき 인기 | 【명사】＋なので ~이기 때문에 | 遊あそびに 行いく 놀러 가다 |

~たり ~たり する ~하기도 ~하기도 하다 | 【ます형】＋ながら ~하면서

일본어로 써 봅시다!

1. 마치 꿈과 같습니다.

_____

2. 저 학생에게는 좀 어려운 것 같습니다. (~ようだ)

_____

3. 내일부터 비가 올 것 같습니다. (~らしい)

_____

한자 즐기기

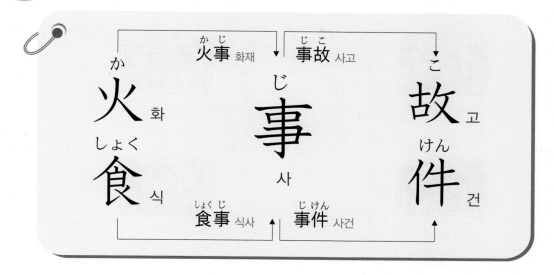

써 봅시다!

ゆめ 夢 꿈	夢			
じ こ 事故 사고	事故			
てん し 天使 천사	天使			
ろん ぶん 論文 논문	論文			
か ぜ 風邪 감기	風邪			
ちょう し 調子 상태	調子			

듣기 연습

A. 다음 내용을 듣고 다나카 씨의 가족 사진을 1, 2, 3, 4 중에서 고르세요. Track 52

1)

2)

3)

4)

정답 (   )

B. 내용을 듣고 그림과 일치하면 ○, 일치하지 않으면 ×를 넣으세요. Track 53

1)

(   )

2)

(   )

3)

(   )

4)

(   )

회화 플러스

1. 일본어를 공부하는 이유

 Track 54

→ どうして 日本語を 習って いるんですか。
왜 일본어를 배웁니까?

예 A　どうして 日本語を 習って いるんですか。 왜 일본어를 배웁니까?

B　日本に 留学したいからです。 일본에 유학 가고 싶기 때문입니다.

| 아래 낱말을 써서 밑줄 친 부분과 바꿔서 말해 보세요. |

仕事しごとで 必要ひつようだからです。 일에 필요하기 때문입니다. |

日本の ドラマが 好すきだからです。 일본 드라마를 좋아하기 때문입니다. |

日本の 歌うたが 大好だいすきだからです。 일본 노래를 너무 좋아하기 때문입니다..

2. 졸업 이후 예정

→ 大学を 卒業してから 何を しますか。
대학을 졸업하고 나서 무엇을 합니까?

예 A　大学を 卒業してから 何を しますか。
대학을 졸업하고 나서 무엇을 합니까?

B　日本へ 行って 写真の 勉強を しようと 思います。
일본에 가서 사진 공부를 할 생각입니다.

| 아래 낱말을 써서 밑줄 친 부분과 바꿔서 말해 보세요. |

彼女かのじょと 結婚けっこんする 여자 친구와 결혼하다 |

いい 会社かいしゃに 入はいる 좋은 회사에 들어가다 | 大学院だいがくいんに 入はいる 대학원에 들어가다 |

アメリカに 留学りゅうがくする 미국에 유학 가다

쉬어가기

● **히나마쓰리**

히나마쓰리(ひな祭り)와 히나닌교(ひな人形)

　일본에서는 매년 3월 3일 '히나마쓰리(ひな祭り)'라고 하여 여자아이의 성장을 축하하고 행운을 기원하는 전통 행사가 열립니다. '히나마쓰리'에는 '히나닌교(ひな人形)'라는 인형을 올린 3단이나 5단, 7단으로 된 단을 장식하는데 이것을 '히나단(ひな壇)'이라고 합니다. '히나단'을 장식할 때에는 정해진 순서가 있습니다. 예를 들어 5단으로 장식할 경우에는, 가장 위의 단인 다섯 번째 단에는 '다이리비나(内裏雛, 일본의 천황과 황후를 상징하는 인형)', 그 아래 네 번째 단에는 '산닌칸조(三人官女, 각각 다른 소품을 가지고 있는 세 명의 궁녀)', 세 번째 단에는 '고닌바야시(五人囃子, 악기를 연주하는 다섯 명의 악사)', 두 번째 단에는 '즈이신(随臣, 두 명의 대신)', 첫 번째 단에는 '시초(仕丁, 세 명의 시종)'라는 인형을 장식합니다.

▲ 히나닌교가 장식되어 있는 히나단

히나마쓰리의 음식

히나마쓰리에는 다양한 전통 음식을 즐깁니다. 먼저, '히나아라레(雛あられ)'라는 색색의 과자를 먹으며 1년 동안의 건강을 기원합니다. 그리고 '시로자케(白酒)'라는 백색의 술을 마셔서 아이 몸 속의 나쁜 기운을 물리칩니다. 대합을 넣고 끓인 국도 마시는데, 대합의 껍데기는 대칭이 되지 않으면 딱 맞지 않는데, 이러한 모습으로 인해 '사이가 좋은 부부'를 의미하게 되었다고 합니다. 아이가 평생 한 사람과 백년해로하기를 바라는 마음이 담겨 있는 것이지요. 이 외에도 녹색, 흰색, 분홍색 3단으로 되어 있는, '히시모치(菱餅)'나 , 분홍색 떡인 '사쿠라모치(桜餅)' 등을 먹기도 합니다.

▲ 히나아라레

◀ 사쿠라모치

10 ここから どうやって 行けば いいですか。

여기에서 어떻게 가면 됩니까?

포인트 스피치 Track 55

" S은행이라면 이 근처입니다.

이 길을 곧장 가면 사거리가 나옵니다.

그곳을 왼쪽으로 돌면 공원이 보입니다.

공원을 지나서 조금 걸으면 S은행이 있습니다.

S銀行なら この 近くです。

この 道を まっすぐ 行くと 交差点に 出ます。

そこを 左に 曲がると 公園が 見えます。

公園を すぎて 少し 歩いたら S銀行が あります。 "

기본 회화

 Track 56

キム　　　あの、この 近(ちか)くに ダイスキホテルは ありますか。

清水(しみず)　はい、ダイスキホテルなら この 近くに ありますよ。

キム　　　ここから どうやって 行(い)けば いいですか。

清水　　　この 道(みち)を まっすぐ 行くと 交差点(こうさてん)に 出(で)ます。
　　　　　そこを 右(みぎ)に 曲(ま)がると 左側(ひだりがわ)に あります。

キム　　　はい?

清水　　　あそこの 交番(こうばん)、見(み)えますか。

キム　　　はい、見えます。

清水　　　もし わからなかったら あの 交番に 行って 聞(き)いて みて
　　　　　ください。

近(ちか)く 근처 | ～なら ～라면 | どうやって 어떻게, 어떻게 해서 | 道(みち) 길 | まっすぐ 行(い)くと 곧장 가면 |

交差点(こうさてん)に 出(で)る 사거리가 나오다 | 右(みぎ)に 曲(ま)がる 오른쪽으로 돌다 | 左側(ひだりがわ) 왼쪽 |

交番(こうばん) 파출소 | 見(み)える 보이다 | もし 만약, 혹시 | 聞(き)いて みる 물어보다

문법 포인트

1 가정형 I

い형용사	い → ければ	예 安い → 安ければ
な형용사	だ → ならば	まじめだ → まじめならば
1그룹 동사 (5단동사)	u단 → e단 + ば	会う → 会えば 持つ → 持てば ★ 帰る → 帰れば
2그룹 동사 (상1단동사 하1단동사)	る + れば	見る → 見れば 食べる → 食べれば 教える → 教えれば
3그룹 동사 (カ행변격동사 サ행변격동사)	来る → 来れば する → すれば	来る → 来れば 運動する → 運動すれば

※ 〜ば 〜ほど　〜하면 〜할수록

い형용사 : い 떼고 ければ + 〜いほど

예 背が 高ければ 高いほど 키가 크면 클수록

な형용사 : だ 떼고 ならば + 〜なほど

예 便利ならば 便利なほど 편리하면 편리할수록

동사 : e + ば

예 読めば 読むほど 읽으면 읽을수록

※ 동사 가정형 ば 활용 연습 (해답 147쪽)

의미	동사	가정형	의미	동사	가정형
사다	買う		기다리다	待つ	
쓰다	書く		이야기하다	話す	
읽다	読む		나가다	出る	
보다	見る		하다	する	
놀다	遊ぶ		되다	なる	
걷다	歩く		죽다	死ぬ	
쉬다	休む		찍다	撮る	
먹다	食べる		가르치다	教える	
헤엄치다	泳ぐ		오다	来る	
가다	行く		부르다	呼ぶ	
일하다	働く		마시다	飲む	
자다	寝る		듣다	聞く	
일어나다	起きる		만들다	作る	
만나다	会う		돌아오다(가다)	帰る	
타다	乗る		걸다	かける	
피우다, 빨다	吸う		씻다	洗う	

② 가정형 II [と・ば・たら・なら]

と	원형 접속	この 道を まっすぐ 行くと 公園が 見えます。 冬に なると 寒く なります。 1に 2を 足すと 3に なります。
ば	い형용사 : い → ければ な형용사 : だ → ならば 동사 : u단 → e단 + ば	残業が なければ いいですけど。 人は 親切ならば 親切なほど いいです。 この 本は 読めば 読むほど 悲しいですね。
たら	명사 : N + だったら い형용사 : い → かったら な형용사 : だ → だったら	私だったら そんな 行動なんか しません。 明日 雨が 降ったら 家で 休みたいです。 ★ 電話してみたら イさんは 寝て いました。 　이때 たら는 「~했더니」로 해석한다.
なら	명사 : N + なら い형용사 : 원형 접속 な형용사 : だ → なら	スポーツなら 田中さんです。 頭が 痛いなら この 薬を 飲んだ 方が いいですよ。 交通が 不便なら このマンションは 借りません。

まっすぐ 똑바로 | 冬ふゆ 겨울 | 足たす 더하다 | 親切しんせつだ 친절하다 | 悲かなしい 슬프다 |

~ほど ~할수록, ~정도 | ~なんか ~같은 거, ~따위 | 休やすむ 쉬다 |

頭あたまが 痛いたい 머리가 아프다 | 薬くすりを 飲のむ 약을 먹다 | 交通こうつう 교통 |

不便ふべんだ 불편하다 | マンション 맨션(mansion) | 借かりる 빌리다

3 ～ば ～(하)면 (가정 조건, 일반적인 법칙, 속담)

郵便局へ 行きたいんですが、

ここから どうやって 行けば いいですか。

値段が 高ければ 買いません。

天気が よければ 行きます。

4 ～と ～(하)면 (당연한 원리·법칙·자연현상·길 안내)

この 道を 左に 曲がると 右側に 本屋が あります。

この ボタンを 押すと きっぷが 出ます。

3に 5を 足すと 8に なります。

郵便局ゆうびんきょく 우체국 | 値段ねだん 가격, 값 | 左ひだりに 曲まがる 왼쪽으로 돌다 | 本屋ほんや 서점

右側みぎがわ 오른쪽 | ボタンを 押おす 버튼을 누르다 | きっぷ 표

문법 포인트

5 〜たら 〜(하)다면 (확정 조건 + 의지, 희망, 명령, 의뢰형)

値段が 安かったら 買って 来ます。

日本に 行ったら この 歌手の コンサートへ 行って みたいです。

もし 田中さんに 会えなかったら 私に 連絡して ください。

6 見える 보이다

ここから 山が 見えますね。

この 道を 少し 歩くと 病院が 見えます。

本当に 40歳ですか。若く 見えますね。

コンサート 콘서트(concert) | 連絡れんらく 연락 | 少すこし 조금, 약간 | 歩あるく 걷다 |

本当ほんとうに 정말로 | 〜歳さい 〜세 | 若わかく 見みえる 젊어 보이다, 어려 보이다 (若(わか)い 젊다, 어리다)

※ 동사 가정형 ば 활용 연습 해답

의미	동사	가정형	의미	동사	가정형
사다	買う	買えば	기다리다	待つ	待てば
쓰다	書く	書けば	이야기하다	話す	話せば
읽다	読む	読めば	나가다	出る	出れば
보다	見る	見れば	하다	する	すれば
놀다	遊ぶ	遊べば	되다	なる	なれば
걷다	歩く	歩けば	죽다	死ぬ	死ねば
쉬다	休む	休めば	찍다	撮る	撮れば
먹다	食べる	食べれば	가르치다	教える	教えれば
헤엄치다	泳ぐ	泳げば	오다	来る	来れば
가다	行く	行けば	부르다	呼ぶ	呼べば
일하다	働く	働けば	마시다	飲む	飲めば
자다	寝る	寝れば	듣다	聞く	聞けば
일어나다	起きる	起きれば	만들다	作る	作れば
만나다	会う	会えば	돌아오다(가다)	帰る	帰れば
타다	乗る	乗れば	걸다	かける	かければ
피우다, 빨다	吸う	吸えば	씻다	洗う	洗えば

패턴 연습

1.

보기

便利^{べんり}だ

→ 交通^{こうつう}は <u>便利ならば 便利なほど</u> いいです。

1)

きれいだ

→ モデルは＿＿＿＿＿＿＿＿＿＿いいです。

2)

かわいい

→ ワンピースは＿＿＿＿＿＿＿＿いいです。

3)

読^よむ

→ この 小説^{しょうせつ}は＿＿＿＿＿＿＿＿＿

おもしろく なります。

4)

会^あう

→ 田中^{たなか}さんは＿＿＿＿＿＿＿＿＿

好^すきに なります。

便利べんりだ 편리하다 | モデル 모델(model) | ワンピース 원피스 | 小説しょうせつ 소설

148

2.

보기

( ) 안에 と・ば・たら・なら 중 하나를 넣어서 문장을 완성하세요.

時間（じかん）が あれ（ば）演劇（えんげき）を 見（み）ます。

1)
いくら 安（やす）くても 悪（わる）い 製品（せいひん）(　　　　) 買（か）いません。

2)
4（よん）に 8（はち）を 足（た）す(　　　　) 12（じゅうに）に なります。

3)
もし 金持（かねも）ちに なっ(　　　　) まず すてきな 車（くるま）が
買（か）いたいです。

4)
ベッドは 楽（らく）なら(　　　　) 楽（らく）なほど いいです。

5)
この デザインが きらいだっ(　　　　) 替（か）えても
いいです。

時間（じかん）시간 | 演劇（えんげき）연극 | いくら ～ても 아무리 ～해도 | 悪（わる）い 나쁘다 |

製品（せいひん）제품 | 金持（かねも）ち 부자 | まず 우선, 먼저 | すてきだ 멋지다 | ベッド 침대(bed) |

楽（らく）だ 편안하다 | デザイン 디자인(design) | 嫌（きら）いだ 싫어하다 | 替（か）える 바꾸다

독해·작문

읽어 봅시다!

高橋<ruby>たかはし</ruby>さんは私<ruby>わたし</ruby>の大学時代<ruby>だいがくじだい</ruby>の友達<ruby>ともだち</ruby>です。

高橋さんは私の家<ruby>うち</ruby>の近<ruby>ちか</ruby>くに住<ruby>す</ruby>んでいて、私の家から歩<ruby>ある</ruby>いて5分<ruby>ごふん</ruby>ぐらいしかかかりません。

私の家のすぐ前<ruby>まえ</ruby>に本屋<ruby>ほんや</ruby>がありますが、本屋を過<ruby>す</ruby>ぎて少<ruby>すこ</ruby>し歩<ruby>ある</ruby>くと右<ruby>みぎ</ruby>側<ruby>がわ</ruby>にスーパーが あります。そのスーパーを右<ruby>みぎ</ruby>に曲<ruby>ま</ruby>がると左側<ruby>ひだりがわ</ruby>に高橋さんの家<ruby>いえ</ruby>があります。

大学時代 だいがくじだい 대학 시절 | 住すむ 살다 | ～しか ～밖에 | かかる 걸리다 | すぐ 前まえ 바로 앞 |

過すぎる 지나치다 | スーパー 슈퍼마켓 | 少すこし 歩あるく 조금 걷다 | 右みぎ 오른쪽

일본어로 써 봅시다!

1. 이 길을 똑바로 가면 백화점이 보입니다.

_____

2. 내일 비가 온다면 놀러 가지 않겠습니다.

_____

3. 편의점(コンビニ)이라면 저기에 있습니다.

_____

한자 연습

한자 즐기기

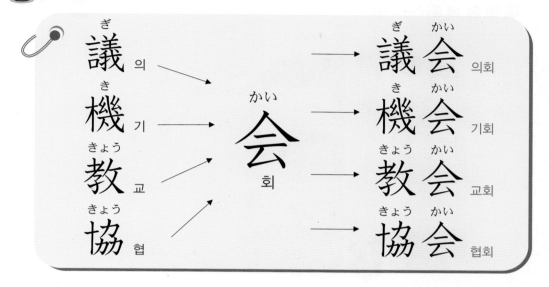

써 봅시다!

道 みち 길	道			
交番 こう ばん 파출소	交番			
連絡 れん らく 연락	連絡			
本当 ほん とう 정말, 진짜	本当			
交差点 こう さ てん 사거리	交差点			
親切 しん せつ 친절	親切			

듣기 연습

A. 여자가 남자에게 학교가 어디에 있는지 묻고 있습니다. 학교는 어디에 있습니까?

Ⓐ, Ⓑ, Ⓒ, Ⓓ 중에 고르세요.

🎵 Track 58

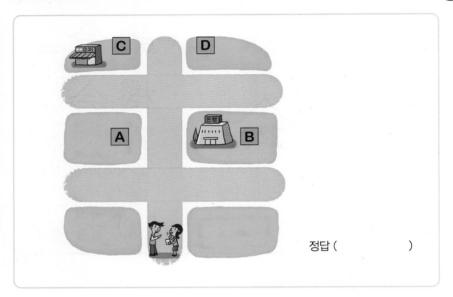

정답 (   )

B. 내용을 듣고 그림과 일치하면 ○, 일치하지 않으면 ✕를 넣으세요.

🎵 Track 59

1)

(   )

2)

(   )

3)

(   )

4)

(   )

회화 플러스

1. 길 안내 1

 Track 60

→ ここから どうやって 行(い)けば いいですか。

여기에서 어떻게 가면 됩니까?

예 A ここから どうやって 行けば いいですか。 여기에서 어떻게 가면 됩니까?

B この 道(みち)を まっすぐ 行って ください。 <u>銀行(ぎんこう)</u>の すぐ 前(まえ)ですよ。

이 길을 곧장 가세요. 은행 바로 앞이에요.

| 아래 낱말을 써서 밑줄 친 부분과 바꿔서 말해 보세요. |

公園(こうえん) 공원 | **学校(がっこう)** 학교 | **デパート** 백화점 | **花屋(はなや)** 꽃가게 |

美術館(びじゅつかん) 미술관 | **交番(こうばん)** 파출소

2. 길 안내 2

→ スーパーは どこに ありますか。

슈퍼는 어디에 있습니까?

예 A <u>スーパー</u>は どこに ありますか。 슈퍼는 어디에 있습니까?

B あの 本屋(ほんや)を すぎて <u>すぐ 右(みぎ)に 曲(ま)がって</u> ください。

もし わからなかったら 電話(でんわ)して ください。

저 책방을 지나서 바로 오른쪽으로 도세요. 만약 모르겠으면 전화해 주세요.

| 아래 낱말을 써서 밑줄 친 부분과 바꿔서 말해 보세요. |

本屋(ほんや) 서점 | **美術館館(びじゅつかん)** 미술관 | **交番(こうばん)** 파출소 |

右(みぎ)に 曲(ま)がる 오른쪽으로 돌다 | **まっすぐ 行(い)く** 곧장 가다 |

左(ひだり)に 曲(ま)がる 왼쪽으로 돌다

● 일본의 어린이날

어린이날(子供の日)

　일본의 5월 5일 '어린이날(子供の日)'은 '단오절(端午の節句)'로 남자아이의 출생과 성장을 축하하고 출세를 기원하는 날이며, 공휴일로 지정되어 있습니다.

　우리나라의 어린이날은 남아, 여아 구분 없이 모든 어린이를 축하하는 날이지만, 일본의 어린이날은 남자아이를 축하하는 날로, 여자아이를 축하하는 날은 3월 3일 '히나마쓰리'입니다.

　어린이날에도 다양한 전통 행사가 열립니다. 집 안에는 모형 투구나 갑옷, 무사 인형 등을 장식하는데, '히나마쓰리' 때의 '히나닌교'처럼 단을 만들어 장식하기도 하지만, 대부분은 투구나 활만으로 간소하게 장식합니다.

고이노보리(鯉のぼり)

　집 밖에는 긴 장대에 잉어 모양의 깃발을 매달아 장식하는데 이를 '고이노보리(鯉のぼり)'라고 합니다. 잉어 깃발에는 남자아이의 출세를 기원하는 의미가 있는데, 이는 잉어가 황허강(黃河)을 올라가 용문(龍門)에 올라 용이 되었다는 중국의 등용문(登龍門)에서 유래되었다고 합니다.

▲ 투구를 쓴 어린이　　　　　　▲ 어린이날을 상징하는 고이노보리

가시와모치(柏餅)와 지마키(ちまき)

  '어린이날'에는 '가시와모치(柏餅)'나 '지마키(ちまき)'를 먹고는 하는데 '가시와모치'는 떡갈나무 잎으로 싸서 찐 떡으로 '자손 번영'의 의미를 담고 있으며, 띠나 대나무 잎으로 말아서 찐 떡인 '지마키'는 나쁜 기운을 없애는 힘이 있다고 일컬어지고 있습니다. 어느 것이든 '아이를 지키고, 성장을 기원하는 의미'가 담겨 있다고 볼 수 있습니다.

▲ 가시와모치

▲ 지마키

11 ペンを貸して
くれませんか。

펜을 빌려주지 않겠습니까?

포인트 스피치 Track 61

" 이것은 남자 친구가 사 준 반지입니다.
이 반지에는 남자 친구와 저의 이니셜이 적혀 있습니다.
우리들은 내년 3월에 결혼할 예정입니다.

これは 彼氏が 買って くれた ゆびわです。

この ゆびわには 彼氏と 私の イニシャルが 入れて あります。

私たちは 来年の 3月に 結婚する 予定です。 "

Track 62

キム	すみません、何か 書くものを 貸して くれませんか。
清水	ええ、どうぞ。
キム	この 書類を 明日までに 教務課に 提出しなければ

キム　　すみません、何か 書くものを 貸して くれませんか。

清水　　ええ、どうぞ。

キム　　この 書類を 明日までに 教務課に 提出しなければ

　　　　ならないんです。 でも、漢字が よく わからないので、

　　　　困ります。 手伝って もらえませんか。

清水　　ええ、私が 手伝って あげましょう。

キム　　助かります。 これは 何て 書いて ありますか。

清水　　これは「現住所」で、今 住んで いる 所と いう 意味です。

 何なにか 무엇인가 | 書かくもの 쓸 것 | 貸かす 빌려주다 | 書類しょるい 서류 | 教務課きょうむか 교무과 |

提出ていしゅつ 제출 | 困こまる 곤란하다 | 手伝てつだう 돕다, 거들다 | 助たすかる 도움이 되다 |

何なんて 뭐라고 | ～て 書かいて ある ～라고 쓰여 있다 | 現住所げんじゅうしょ 현주소 | 住すむ 살다 |

所ところ 곳 | 意味いみ 의미, 뜻

문법 포인트

1 やり・もらい 표현

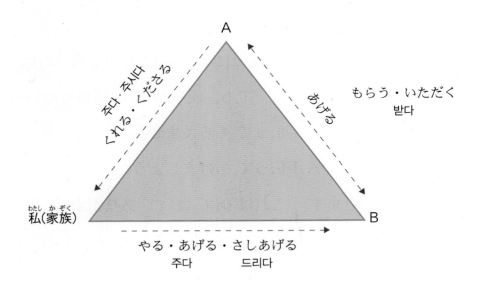

A ① 나(가족) → 상대방 (やる 주다・あげる 주다・さしあげる 드리다)

예 私は 妹に お菓子を やりました。

私は 友達に 本を あげました。

私は 先生に 花束を さしあげました。

② 상대방 → 나(가족) (くれる 주다・くださる 주시다)

예 友達は 私に かばんを くれました。

→ 私は 友達に かばんを もらいました。

吉田先生は 私に 辞書を くださいました。

→ 私は 吉田先生に 辞書を いただきました。

③　제3자 ⇔ 제3자 (あげる 주다・もらう 받다)

　　例 キムさんは アヤさんに 人形^{にんぎょう}を あげました。

　　　→ アヤさんは キムさんに 人形^{にんぎょう}を もらいました。

B　〜て あげる(〜て やる)　〜해 주다

　　例 私^{わたし}は 友達^{ともだち}に ペンを 買^かって あげました。

　　　私は 弟^{おとうと}に 本^{ほん}を 読^よんで やりました。

C　〜て くれる　〜해 주다 / 〜て くださる　〜해 주시다 /

　　〜て もらう(〜て いただく)　〜해 받다

　　例 パクさんは 私に 傘^{かさ}を 貸^かして くれました。

　　　→ 私は パクさんに 傘を 貸して もらいました。

　　　母^{はは}は 私に スカートを 買^かって くれました。

　　　→ 私は 母に スカートを 買って もらいました。

　　　吉田先生^{よしだせんせい}は 私に 日本語^{にほんご}を 教^{おし}えて くださいました。

　　　→ 私は 吉田先生に 日本語を 教えて いただきました。

お菓子かし 과자 | **花束**はなたば 꽃다발 | **辞書**じしょ 사전 | **人形**にんぎょう 인형 | **ペン** 펜(pen) |

傘かさ 우산 | **スカート** 치마, 스커트(skirt)

2 **〜て くれる** (상대방이 나에게) ~해 주다

キムさんが 皿洗いを 手伝って くれました。

私に 日本語で 説明して くれませんか。

これは 木村さんが 買って くれた 時計です。

3 **〜て もらう** ~해 받다, (상대방이 나에게) ~해 주다

私は 青木さんに カメラを 買って もらいました。

私は 友達に 辞書を 貸して もらいました。

4 **〜て あげる** (내가 상대방에게) ~해 주다

私は 青木さんに 傘を 貸して あげました。

私は 友達に プレゼントを 買って あげました。

皿洗さらあらい 설거지 | 時計とけい 시계 | 説明せつめい 설명 | プレゼント 선물(present)

5 자동사 · 타동사의 상태 표현

が + 자동사 + て いる	말하는 사람이 눈앞의 상태를 단지 사실 그대로 표현하는 경우 또는 의도성이 없는 경우에 쓰인다. 예 窓が 開いて います。 창이 열려 있습니다.
が + 타동사 + て ある	누군가가 무언가를 해 놓은(~ておく) 뒤의 상태에 비중을 두는 경우 또는 인위적인 행위의 결과나 의도성이 있는 경우에 쓰인다. 예 窓が 開けて あります。 (제3의 작용에 의해) 창이 열려 있습니다.

ドアが 開いて います。 문이 열려 있습니다 (상태 1)

ドアが 開けて あります。 (누군가에 의해) 문이 열려 있습니다 (상태 2)

ドアを 開けて います。 문을 열고 있습니다 (현재 진행)

예 家の 前に 車が 止まって います。 (상태 1)

家の 前に 車が 止めて あります。 (상태 2)

財布に お金が 入って います。 (상태 1)

財布に お金が 入れて あります。 (상태 2)

窓まど 창, 창문 | 開あく 열리다(자동사) | 開あける 열다(타동사) | ドア 문(door) | 財布さいふ 지갑 |

入はいる 들어오다, 들어가다(자동사) | 入いれる 넣다(타동사)

6 **〜て ある** ~해 있다, ~되어 있다

あそこに 店の 名前が 書いて ありますね。

車に オイルが 入れて あります。

部屋に 時計が かけて あります。

[참고] 대표적인 자동사 · 타동사

자동사	타동사	자동사	타동사
開く 열리다	開ける 열다	変わる 바뀌다	変える 바꾸다
閉まる 닫히다	閉める 닫다	上がる 올라가다	上げる 올리다
かかる 걸리다	かける 걸다	始まる 시작되다	始める 시작하다
入る 들어오다(가다)	入れる 넣다	伝わる 전해지다	伝える 전하다
つく 켜지다	つける 켜다	曲がる 굽다, 돌다	曲げる 굽히다
集まる 모이다	集める 모으다	出る 나오다	出す 내다
並ぶ 진열되다	並べる 진열하다	起きる 일어나다	起こす 깨우다
終わる 끝나다	終える 끝내다	落ちる 떨어지다	落とす 떨어뜨리다
止まる 서다	止める 세우다	消える 꺼지다	消す 끄다
決まる 정해지다	決める 정하다	沸く 끓다	沸かす 끓이다

7 ～までに ～까지

明日は 7時までに 来なければ なりません。

来週の 火曜日までに 本を 返さなければ なりません。

パーティーを 準備する 人たちは 2時までに 来て ください。

オイル 오일(oil), 기름 | **かける** 걸다 | **返かえす** 반납하다(돌려주다) | **パーティー** 파티(party) |

準備じゅんび 준비

패턴 연습

1.

私 → 友達

→ 私は 友達に 日本語の 本を <u>あげました。</u>

1)

私 → 私

→ キムさんは 私に 映画の チケットを

_____。

2)

田中さん → 田村さん

→ 田中さんは 田村さんに プレゼントを

_____。

3)

私 → 社長

→ 私は 社長に 会議の 報告書を

_____。

ц)

先生 → 私

→ 先生は 私に 辞書を

_____。

チケット 티켓(ticket) | 社長しゃちょう 사장 | 会議かいぎ 회의 | 報告書ほうこくしょ 보고서

2.

友達 → 私

友達は 私に お金を 貸して くれました。

→ 私は 友達に お金を 貸して もらいました。

1)

妹 → 私

妹は 部屋の 掃除を 手伝って くれました。

→ 私は 妹に＿＿＿＿＿＿＿＿＿＿＿＿＿＿＿。

2)

先輩 → 私

先輩は 私に 昔の 写真を 見せて くれました。

→ 私は 先輩に＿＿＿＿＿＿＿＿＿＿＿＿＿＿。

3)

先生 → 私

先生は 私に 日本語を 教えて くださいました。

→ 私は 先生に＿＿＿＿＿＿＿＿＿＿＿＿＿＿。

4)

山田君 → 彼女

山田君は 彼女に 歌を 歌って あげました。

→ 彼女は 山田君に＿＿＿＿＿＿＿＿＿＿＿＿。

掃除そうじ 청소 | 先輩せんぱい 선배 | 昔むかし 옛날 | 写真しゃしん 사진 | 見みせる (남에게) 보이다 |

彼女かのじょ 여자 친구 | 歌うたう 노래하다

패턴 연습

3. 보기

車が 止まって います。

→ 車が <u>止めて あります</u>。

1)

電気が ついて います。

→ 電気が＿＿＿＿＿＿＿＿＿＿＿＿＿＿＿＿＿＿＿＿。

2)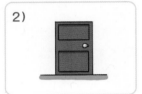

ドアが 閉まって います。

→ ドアが＿＿＿＿＿＿＿＿＿＿＿＿＿＿＿＿＿＿＿＿。

3)

教室の 中に 時計が かかって います。

→ 教室の 中に 時計が

＿＿＿＿＿＿＿＿＿＿＿＿＿＿＿＿＿＿＿＿＿＿＿＿＿＿。

ч)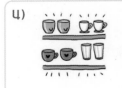

店に コップが きれいに 並んで います。

→ 店に コップが きれいに

＿＿＿＿＿＿＿＿＿＿＿＿＿＿＿＿＿＿＿＿＿＿＿＿＿＿。

止とまる 서다, 멈추다 | 止とめる 세우다 | 電気でんき 전기 | つく 켜지다 | 閉しまる 닫히다 |

教室きょうしつ 교실 | かかる 걸리다 | 店みせ 가게 | コップ 컵(cup) | 並ならぶ 진열되다

읽어 봅시다!　　　　　　　　　　　 Track 63

田中君（たなかくん）は私（わたし）が困（こま）っている時（とき）に一番頼（いちばんたよ）りになる友人（ゆうじん）です。

この前（まえ）も私（わたし）が電車（でんしゃ）の中（なか）にカバンを忘（わす）れてしまった時（とき）、わざわざ駅（えき）まで一緒（いっしょ）に行（い）ってくれました。また、保証人（ほしょうにん）がいなくて困（こま）っている時（とき）も快（こころよ）く保証人（ほしょうにん）を引（ひ）き受（う）けてくれました。

私（わたし）はいつか、田中君（たなかくん）に恩返（おんがえ）しをしようと思（おも）っています。

〜君（くん） 〜군 | 困（こま）る 곤란하다 | 頼（たよ）りになる 의지가 되다 | 忘（わす）れる 잊다, 잊어버리다 |

わざわざ 일부러 | 保証人（ほしょうにん） 보증인 | 快（こころよ）い 기분 좋다, 상쾌하다 |

引（ひ）き受（う）ける (책임지고) 맡다 | 恩返（おんがえ）しをする 은혜를 갚음, 보은을 함 | 〜と思（おも）う 〜라고 생각하다

일본어로 써 봅시다!

1. 나는 친구에게 가방을 사 주었습니다.

_____

2. 선생님은 나에게 사전을 빌려주셨습니다.

_____

3. 집 앞에 차가 세워져 있습니다. (止（と）める)

_____

정답　1. 私（わたし）は友達（ともだち）に かばんを 買（か）って あげました。
2. 先生（せんせい）は 私（わたし）に 辞書（じしょ）を 貸（か）して くださいました。
3. 家（いえ）の 前（まえ）に 車（くるま）が 止（と）めて あります。

한자 연습

한자 즐기기

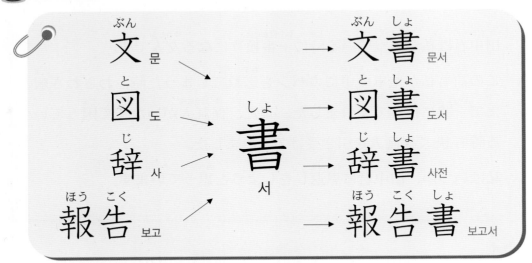

文 문
と 図 도
じ 辞 사
ほう こく
報告 보고

しょ
書 서

→ 文書 문서
→ 図書 도서
→ 辞書 사전
→ 報告書 보고서

써 봅시다!

意味 의미	意味			
花束 꽃다발	花束			
先輩 선배	先輩			
説明 설명	説明			
提出 제출	提出			
お菓子 과자	お菓子			

듣기 연습

A. 두 사람의 대화를 듣고 내용과 일치하는 것을 1, 2, 3, 4 중에서 고르세요. 🎵 Track 64

정답 (   )

B. 내용을 듣고 그림과 일치하면 ○, 일치하지 않으면 ×를 넣으세요. 🎵 Track 65

1)

(   )

2)

(   )

3)

(   )

4)

(   )

회화 플러스

1. 부탁하기

 Track 66

→ # 傘<small>かさ</small>を 貸<small>か</small>して くれませんか。

우산을 빌려주지 않겠습니까?

예 A 傘<small>かさ</small>を 貸<small>か</small>して くれませんか。（＝傘を 貸して もらえますか。）
우산을 빌려주지 않겠습니까?

B はい、どうぞ。 네, 여기요.

| 아래 낱말을 써서 밑줄 친 부분과 바꿔서 말해 보세요. |

ドアを 開<small>あ</small>ける 문을 열다 | 名前<small>なまえ</small>を 書<small>か</small>く 이름을 쓰다 | 荷物<small>にもつ</small>を 預<small>あず</small>かる 짐을 맡다 |

電話番号<small>でんわばんごう</small>を 教<small>おし</small>える 전화번호를 가르쳐 주다 |

2. 장래 희망

→ # あなたの 夢<small>ゆめ</small>は 何<small>なん</small>ですか。

당신의 꿈은 무엇입니까?

예 A あなたの 夢は 何ですか。 당신의 꿈은 무엇입니까?

B 医者<small>いしゃ</small>に なる ことです。 의사가 되는 것입니다.

| 아래 낱말을 써서 밑줄 친 부분과 바꿔서 말해 보세요. |

外交官<small>がいこうかん</small> 외교관 | 警察官<small>けいさつかん</small> 경찰관 | 先生<small>せんせい</small> 선생님 |

大統領<small>だいとうりょう</small> 대통령 | 芸能人<small>げいのうじん</small> 연예인 | 看護師<small>かんごし</small> 간호사 |

サッカー選手<small>せんしゅ</small> 축구 선수 | モデル 모델 | 画家<small>がか</small> 화가 | 社長<small>しゃちょう</small> 사장

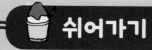

● 어머니날

어머니날(母の日)

　일본에서는 5월 둘째 주 일요일을 '어머니날(母の日)'로 정해 어머니께 감사와 축하의 마음을 전합니다. 이날은 미국의 안나 자비스라는 여성이 돌아가신 어머니를 기리며 교회에 카네이션을 장식했다는 일화에서 유래되었다고 합니다.

　대체로 '골든위크(4월 말에서 5월 초에 걸친 일본의 최대 연휴 기간)'가 끝나는 주의 일요일이 되는데, 이 시기가 되면 백화점과 쇼핑몰 등에는 어머니날을 기념하는 이벤트와 선물이 진열됩니다.

　어머니날 선물로는 카네이션과 달콤한 과자 종류(スイーツ), 주방 가전 등을 선호한다고 합니다. 다만, 금기시되는 선물도 있는데 칼이나 가위와 같이 날카롭고 뾰족한 것, 하얀 꽃(죽음을 의미), 하얀 손수건(헤어짐을 의미), 빗(괴로운 죽음을 의미, クシ＝苦死) 등은 피해야 합니다.

　참고로 아버지날(父の日)는 6월 셋째 주 일요일에 축하하는데, 아버지날 선물로는 1위가 맥주, 2위가 일본 술이 차지할 정도로 주류가 대부분을 차지한다고 합니다.

▲ '어머니날' 선물 광고

▲ 감사의 마음을 담은 카네이션

隣の 人に 足を 踏まれました。

옆 사람에게 발을 밟혔습니다.

  Track 67

❝ 오늘은 학교 시험이 있었습니다.

나는 100점을 맞아서 선생님에게 칭찬받았습니다.

역시 밤새워 공부하길 잘했습니다.

今日は 学校の 試験が ありました。

私は 100点を 取って 先生に ほめられました。

やっぱり 徹夜で 勉強して よかったです。 **❞**

Track 68

キム	どうしたんですか。顔色（かおいろ）が 悪（わる）いですね。
佐藤（さとう）	昨日（きのう）、ほとんど 寝（ね）てないんです。 急（きゅう）に 友達（ともだち）に 飲（の）み会（かい）に 誘（さそ）われて。
キム	また 飲（の）んだんですか。
佐藤	ええ、飲（の）めない ウィスキーは 飲（の）まされるし、 妻（つま）には 散々（さんざん）文句（もんく）を 言（い）われるし…。
キム	それはそれは。
佐藤	これからは 誘（さそ）われても なるべく 早（はや）く 家（うち）に 帰（かえ）る ことに します。

どうしたんですか 무슨 일이에요?, 왜 그래요? | 顔色（かおいろ） 안색 | 急（きゅう）に 갑자기 |

誘（さそ）われる 권유받다 | ウィスキー 위스키(whiskey) | 飲（の）まされる (어쩔 수 없이) 마시다 | 妻（つま） 아내

散々（さんざん） 몹시, 호되게 | 文句（もんく） 불평 | それはそれは 저런 저런 | なるべく 가능한 한

문법 포인트

1 동사의 수동형

1그룹 동사 (5단동사)	u단 → a단 + れる (단, う로 끝나는 동사는 う → わ로 바꾼다)	예 叱る → 叱られる 盗む → 盗まれる 読む → 読まれる ★ 帰る → 帰られる
2그룹 동사 (상1단동사 하1단동사)	る + られる (가능형과 동일)	いる → いられる 見る → 見られる 食べる → 食べられる 教える → 教えられる
3그룹 동사 (カ행 변격동사 サ행 변격동사)	来る → 来られる (가능형과 동일) する → される	来る → 来られる 招待する → 招待される

① 일반 수동 (〜に〜れる・られる)

田中さんは 先生に ほめられました。

試験の 成績が 悪くて 母に 叱られました。

この ビルは 10年前に 建てられました。

② 피해 수동 (迷惑の 受け身)

雨に 降られて セーターと スカートが 濡れました。

赤ちゃんに 泣かれて 一時間も 寝られませんでした。

友達に 来られて 宿題が できませんでした。

ほめる 칭찬하다 | 試験 しけん 시험 | 成績 せいせき 성적 | 叱しかる 혼내다 | ビル 빌딩(building) |

建たてる 세우다 | セーター 스웨터(sweater) | 濡ぬれる 젖다 | 赤あかちゃん 갓난아기 |

宿題 しゅくだい 숙제

※ 동사의 수동형 활용 연습 (해답 178쪽)

의미	동사	수동형	의미	동사	수동형
밟다	踏む		읽다	読む	
혼내다	叱る		말하다	言う	
집다	取る		보다	見る	
훔치다	盗む		쓰다	書く	
부탁하다	頼む		울다	泣く	
웃다	笑う		죽다	死ぬ	
물다	かむ		찍다	撮る	
칭찬하다	ほめる		가르치다	教える	
세우다	建てる		오다	来る	
지불하다	払う		부르다	呼ぶ	
때리다	なぐる		마시다	飲む	
권유하다	誘う		듣다	聞く	
밀다	押す		만들다	作る	
버리다	捨てる		돌아오다(가다)	帰る	
부수다	壊す		하다	する	
화내다	怒る		나가다	出る	

문법 포인트

2 ほとんど ～ない 거의 ～하지 않다

夕_{ゆう}ご飯_{はん}は ほとんど 食_たべて ないんです。

単語_{たんご}を 勉強_{べんきょう}したのに ほとんど 覚_{おぼ}えて ないんですね。

会話_{かいわ}は ほとんど できないんです。

> [참고] 빈도부사
>
> いつも ― よく ― ときどき ― たまに ― ほとんど ― ぜんぜん
> 언제나, 늘　자주　　때때로　　가끔　　거의　　　전혀

3 ～ に 夢中だ ～에 열중이다

私_{わたし}は 最近_{さいきん} 日本_{にほん}の ドラマに 夢中_{むちゅう}です。

彼_{かれ}は 最近 アニメに 夢中です。

田中_{たなか}さんは 野球_{やきゅう}に 夢中ですね。

夕ゆうご飯はん 저녁밥 | 単語たんご 단어 | 覚おぼえる 외우다 | 会話かいわ 회화 | 最近さいきん 최근 |

ドラマ 드라마 | アニメ 애니메이션(animation) | 野球やきゅう 야구

④ **～た(だ)んですか。** ～했습니까? ～했던 겁니까?(그 이유나 사정을 알고 싶다는 표현)

昨日(きのう)は 何(なに)を したんですか。

吉田(よしだ)さんも 行(い)ったんですか。

昼(ひる)ご飯(はん)は 何(なに)を 食(た)べたんですか。

⑤ **～ことに する** ～하기로 하다 (본인의 주관적인 결정)

体(からだ)の 調子(ちょうし)が 悪(わる)くて たばこを やめる ことに しました。

来年(らいねん)の 4月(しがつ)に 日本(にほん)へ 留学(りゅうがく)する ことに しました。

[참고] **～ことに なる** ～하게 되다(결정된 사항)

예 病気(びょうき)で 会社(かいしゃ)を やめる ことに なりました。

田中(たなか)さんが レポートを 発表(はっぴょう)する ことに なりました。

昼(ひる)ご飯(はん) 점심밥 | 体(からだ)の 調子(ちょうし) 컨디션, 몸의 상태 | たばこを やめる 담배를 끊다 |

留学(りゅうがく) 유학 | 病気(びょうき) 병 | 会社(かいしゃ)を 辞(や)める 회사를 그만두다 | 発表(はっぴょう) 발표

문법 포인트

※ 동사의 수동형 활용 연습 해답

의미	동사	수동형	의미	동사	수동형
밟다	踏む	踏まれる	읽다	読む	読まれる
혼내다	叱る	叱られる	말하다	言う	言われる
집다	取る	取られる	보다	見る	見られる
훔치다	盗む	盗まれる	쓰다	書く	書かれる
부탁하다	頼む	頼まれる	울다	泣く	泣かれる
웃다	笑う	笑われる	죽다	死ぬ	死なれる
물다	かむ	かまれる	찍다	撮る	撮られる
칭찬하다	ほめる	ほめられる	가르치다	教える	教えられる
세우다	建てる	建てられる	오다	来る	来られる
지불하다	払う	払われる	부르다	呼ぶ	呼ばれる
때리다	なぐる	なぐられる	마시다	飲む	飲まれる
권유하다	誘う	誘われる	듣다	聞く	聞かれる
밀다	押す	押される	만들다	作る	作られる
버리다	捨てる	捨てられる	돌아오다(가다)	帰る	帰られる
부수다	壊す	壊される	하다	する	される
화내다	怒る	怒られる	나가다	出る	出られる

패턴 연습

1.

叱^{しか}る

→ 母^{はは}に <u>叱られました</u>。

1)

盗^{ぬす}む

→ バスの 中^{なか}で 財布^{さいふ}を＿＿＿＿＿＿＿＿＿＿＿＿。

2)

噛^かむ

→ 犬^{いぬ}に 手^てを＿＿＿＿＿＿＿＿＿＿＿＿＿＿＿。

3)

頼^{たの}む

→ 上司^{じょうし}に 仕事^{しごと}を＿＿＿＿＿＿＿＿＿＿＿＿。

4)

押^おす

→ バスの 中^{なか}で 人^{ひと}に＿＿＿＿＿＿＿＿＿＿＿＿。

盗^{ぬす}む 훔치다 │ 噛^かむ 물다 │ 頼^{たの}む 부탁하다 │ 上司^{じょうし} 상사 │ 押^おす 밀다

5) 踏^ふむ

→ 道^{みち}で 人^{ひと}に 足^{あし}を_____。

6) 降^ふる

→ 雨^{あめ}に_____スーツが 濡^ぬれました。

7) 泣^なく

→ 子供^{こども}に_____一時間^{いちじかん}も 寝^ねられま

せんでした。

足^{あし} 발 | スーツ 양복(suit) | 子供^{こども} 아이

2. 보기

^{おこな}
行う

^{かいぎ}会議は ^{さんがい}三階の ^{かいぎしつ}会議室で 行う ことに しました。

→ 会議は 三階の 会議室で 行う <u>ことに なりました</u>。

1)

^{にほん} ^い
日本へ 行く

^{らいげつ}来月 日本へ _____。

→ 来月 日本へ _____。

2)

ダイエットする

^{あした}明日から _____。

→ 明日から _____。

3)

^{さけ}
お酒を やめる

^{きょう}今日から _____。

→ 今日から _____。

ц)

^{けっこん}
結婚する

キムさんと ^{らいねん}来年 _____。

→ キムさんと 来年 _____。

三階さんがい 3층 | 会議室かいぎしつ 회의실 | 行おこなう 행하다, 실시하다 | 来月らいげつ 다음 달 |

ダイエット 다이어트(diet) | お酒さけを やめる 술을 끊다

읽어 봅시다!

私^{わたし}は子供^{こども}の時^{とき}から、叱^{しか}られてばかりいました。

特^{とく}に小学生^{しょうがくせい}の時^{とき}には、よく廊下^{ろうか}に立^たたされました。

好奇心^{こうきしん}が強^{つよ}いせいか、じっとしていられない性格^{せいかく}のようです。

そのせいか、父^{ちち}からはいつも注意^{ちゅうい}するように強^{つよ}く言^いわれていました。

でも、大人^{おとな}になってみると、今^{いま}はいい思^{おも}い出^でになっています。

~てばかりいる ~하고만 있다 | 特^{とく}に 특히 | 小学生^{しょうがくせい} 초등학생 | よく 자주, 잘 |

廊下^{ろうか} 복도 | 立^たたされる 세워지다(立^たつ의 사역수동형) | 好奇心^{こうきしん} 호기심 |

~せい ~탓, 때문 | ~か ~인지 | じっと 가만히, 잠자코 | 注意^{ちゅうい} 주의 | ~ように ~하도록 |

大人^{おとな} 어른 | 思^{おも}い出^で 추억

일본어로 써 봅시다!

1. 버스 안에서 옆 사람에게 발을 밟혔습니다.

_____

2. 오늘 선생님께 칭찬받았습니다.

_____

3. 내일부터 아침 일찍 일어나도록 하겠습니다.

_____

정답 1. バスの中^{なか}で隣^{となり}の人^{ひと}に足^{あし}を踏^ふまれました。
2. 今日^{きょう}、先生^{せんせい}に褒^ほめられました。
3. 明日^{あした}から毎朝^{まいあさ}早^{はや}く起^おきるようにします。

한자 연습

한자 즐기기

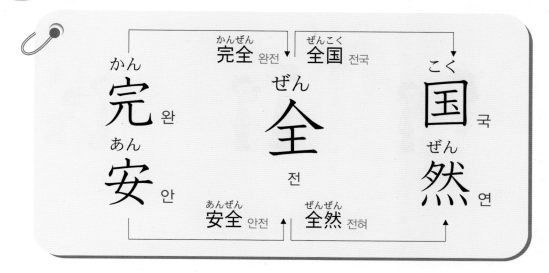

써 봅시다!

かお いろ **顔色** 안색	顔色		
びょう き **病気** 병	病気		
もん く **文句** 불평	文句		
たん ご **単語** 단어	単語		
ろう か **廊下** 복도	廊下		
ちゅう い **注意** 주의	注意		

듣기 연습

A. 남자가 여자에게 어제 일에 대해서 이야기하고 있습니다. 어제 일어난 일의 순서대로 번호를 나열하세요.

Track 70

정답 (   ) — (   ) — (   )

B. 내용을 듣고 그림과 일치하면 ○, 일치하지 않으면 ×를 넣으세요.

Track 71

1)

(   )

2)

(   )

3)

(   )

ㄴ)

(   )

회화 플러스

1. 전공

 Track 72

→ # 専攻_{せんこう}は 何_{なん}ですか。

전공은 무엇입니까?

예 **A** 専攻は 何ですか。 전공은 무엇입니까?

B <u>コンピューター</u>です。 컴퓨터입니다.

| 아래 낱말을 써서 밑줄 친 부분과 바꿔서 말해 보세요. |

経営けいえい 경영 | 経済けいざい 경제 | 建築けんちく 건축 | 美術びじゅつ 미술 | 医学いがく 의학 |

歴史れきし 역사 | 英語えいご 영어 | ピアノ 피아노 | 機械きかい 기계

2. 경험 1

→ # 初恋_{はつこい}は いつでしたか。

첫사랑은 언제였습니까?

예 **A** 初恋は いつでしたか。 첫사랑은 언제였습니까?

B <u>高校_{こうこう} 3 年生_{さんねんせい}</u>の 時_{とき}でした。 고등학교 3학년 때였습니다.

| 아래 낱말을 써서 밑줄 친 부분과 바꿔서 말해 보세요. |

大学だいがく 1 年生いちねんせい 대학교 1학년 | 中学ちゅうがく 2 年生にねんせい 중학교 2학년

● 다나바타

일본의 칠석인 '다나바타(七夕)'는 견우와 직녀가 일 년에 한 번 만난다는 중국의 전설과, 일본의 전통 신앙이 합쳐진 명절입니다. '다나바타'를 기념하는 연례 행사는 보통 7월 7일에 열립니다.

'다나바타' 날에는 견우와 직녀가 해후를 한 다음 하늘로 올라갈 때, 액운을 가져가라는 의미에서 대나무를 세우는 풍습이 있습니다. 이때 세우는 대나무를 '사사타케(笹竹)'라고 하는데 사람들은 자신의 소망이나 의미 있는 문구 등을 색지에 써서 '사사타케'에 매달고 행사가 끝난 다음날 대나무째로 강이나 바다에 떠내려 보냅니다.

'다나바타'의 대표 음식

'다나바타'의 대표 음식으로는 '소면(そうめん)'이 있습니다. 예부터 '다나바타'에는 사쿠베이(策餅)라는 것을 즐겨 먹었는데 시대를 거치면서 소면으로 바뀌었다고 합니다. 소면을 먹게 된 유래와 관련해서는 '소면이 견우와 직녀가 건너는 은하수와 닮았다는 설', '직녀가 짜는 실에 비유해서 소면을 먹기 시작했다는 재미있는 설' 등 여러 가지 재미있는 설이 있습니다.

▲ 사사타케에 매달린 소원 종이들

▲ 색색의 소원 종이들

'다나바타' 축제

'다나바타'에는 전국에서 '다나바타 축제(七夕祭り)'가 열립니다. '다나바타 축제' 중에서 가장 유명한 것은 센다이의 다나바타 축제입니다. 센다이 다나바타 축제는 8월 6일부터 8일에 걸쳐 열리는데, 행사 기간 중에는 센다이 시내 중심부와 주변 상점가는 물론 거리 전체가 축제 장식으로 가득합니다. 이 기간이 되면 매년 200만 명이 넘는 관광객이 축제에 참석한다고 합니다.

▲ 거리를 수놓은 축제 장식

▲ 다나바타 기간의 센다이 거리

13

漢字を 書かせたり 例文を 覚えさせたり します。

한자를 쓰게 하기도 하고 예문을 외우게 하기도 합니다.

포인트 스피치 Track 73

> 어릴 때, 나는 엄마로 인해 피아노 교실을 (억지로) 다녔습니다.
> 일주일에 두 번이었는데, 선생님이 엄격해서 가고 싶지 않았습니다.
> 하지만 지금 생각해 보면 배우길 잘했다고 생각합니다.

子供の 時、私は 母に ピアノ教室に 通わされました。

週に 2回でしたが、先生が 厳しくて 行きたく なかったです。

でも、今 思えば 習って よかったと 思います。"

기본 회화

 Track 74

キム	隼人さんは 学校で 日本語を 教えて いるんでしょう。
	学生たちに どう 教えて いますか。
隼人	毎日 ノートに 漢字を 書かせたり 例文を 覚えさせたり
	して います。
キム	私は 先生に 毎日 本文を 読ませられて 大変です。
	本文が 読めない 時は 恥ずかしくて 恥ずかしくて。
隼人	私も 最初 韓国語を 習う 時、ハングルが 書けなくて
	先生に もっと 勉強して こいと 言われて 苦労しました。
キム	外国語を 習うのは 大変ですね。

～でしょう ～하죠, ～겠죠 | **例文**れいぶん 예문 | **本文**ほんぶん 본문 | **恥**はずかしい 부끄럽다, 창피하다 |

習ならう 배우다 | **ハングル** 한글 | **もっと** 더, 좀 더 | **こい** 와라(来る의 명령형) | **苦労**くろう 고생 |

外国語がいこくご 외국어

문법 포인트

① 동사의 사역(使役)·사역수동(使役受身)

	사역형	사역수동형
1그룹 동사 (5단동사)	u단 → a단 + せる (= u → a + す) ★ ~う로 끝나는 동사 → わせる 예 飲む → 飲ませる 待つ → 待たせる 歌う → 歌わせる	u단 → a단 + せられる (사역형 → 수동형) ★ ~う로 끝나는 동사 → ~わせられる 예 飲む → 飲ませられる (=飲まされる) 待つ → 待たせられる (=待たされる) 歌う → 歌わせられる (=歌わされる)
2그룹 동사 (상1단동사 하1단동사)	る + させる 예 食べる → 食べさせる 覚える → 覚えさせる	る + させられる (사역형 → 수동형) 예 食べる → 食べさせられる 覚える → 覚えさせられる
3그룹 동사 (カ행변격동사 サ행변격동사)	来る → 来させる する → させる 예 来させる 掃除させる	来る → 来させられる する → させられる 예 来させられる 掃除させられる

※ 사역 · 사역수동 활용 연습 (해답 195쪽)

의미	동사	사역형	사역수동형
듣다	聞く		
읽다	読む		
쓰다	書く		
마시다	飲む		
노래하다	歌う		
보다	見る		
하다	する		
가르치다	教える		
일하다	働く		
가다	行く		
울다	泣く		
오다	来る		
기다리다	待つ		
사다	買う		
돌아오다(가다)	★帰る		
외우다, 기억하다	覚える		

문법 포인트

① 사역형 (~하게 하다)

<ruby>学生<rt>がくせい</rt></ruby>に <ruby>日記<rt>にっき</rt></ruby>を <ruby>書<rt>か</rt></ruby>かせました。

<ruby>母<rt>はは</rt></ruby>は <ruby>私<rt>わたし</rt></ruby>に <ruby>毎日<rt>まいにち</rt></ruby> <ruby>五<rt>いつ</rt></ruby>つずつ <ruby>漢字<rt>かんじ</rt></ruby>を <ruby>覚<rt>おぼ</rt></ruby>えさせます。

<ruby>父<rt>ちち</rt></ruby>は <ruby>妹<rt>いもうと</rt></ruby>に <ruby>部屋<rt>へや</rt></ruby>の <ruby>掃除<rt>そうじ</rt></ruby>を させました。

② 사역수동형 (어쩔수 없이(억지로) ~하다)

<ruby>授業中<rt>じゅぎょうちゅう</rt></ruby>に <ruby>英語<rt>えいご</rt></ruby>で <ruby>発表<rt>はっぴょう</rt></ruby>させられました。

<ruby>先輩<rt>せんぱい</rt></ruby>に お<ruby>酒<rt>さけ</rt></ruby>を <ruby>飲<rt>の</rt></ruby>ませられました。

<ruby>駅<rt>えき</rt></ruby>まで <ruby>傘<rt>かさ</rt></ruby>を <ruby>持<rt>も</rt></ruby>って <ruby>来<rt>こ</rt></ruby>させられました。

2 동사의 명령형

1그룹 동사 (5단동사)	u단 → e단	예 <ruby>行<rt>い</rt></ruby>く → <ruby>行<rt>い</rt></ruby>け <ruby>飲<rt>の</rt></ruby>む → <ruby>飲<rt>の</rt></ruby>め がんばる → がんばれ ★ <ruby>帰<rt>かえ</rt></ruby>る → <ruby>帰<rt>かえ</rt></ruby>れ
2그룹 동사 (상1단동사 하1단동사)	る + ろ	<ruby>起<rt>お</rt></ruby>きる → <ruby>起<rt>お</rt></ruby>きろ <ruby>食<rt>た</rt></ruby>べる → <ruby>食<rt>た</rt></ruby>べろ
3그룹 동사 (カ행변격동사 サ행변격동사)	<ruby>来<rt>く</rt></ruby>る → こい する → しろ	<ruby>来<rt>く</rt></ruby>る → こい <ruby>勉強<rt>べんきょう</rt></ruby>する → <ruby>勉強<rt>べんきょう</rt></ruby>しろ

<ruby>家<rt>いえ</rt></ruby>に <ruby>帰<rt>かえ</rt></ruby>れ。

<ruby>早<rt>はや</rt></ruby>く <ruby>起<rt>お</rt></ruby>きろ。

ちゃんと <ruby>勉強<rt>べんきょう</rt></ruby>しろ。

<ruby>明日<rt>あした</rt></ruby>は <ruby>7時<rt>しちじ</rt></ruby>までに こい。

<ruby>日記<rt>にっき</rt></ruby> 일기 | ~ずつ ~씩 | <ruby>漢字<rt>かんじ</rt></ruby> 한자 | ちゃんと 제대로, 확실히

3 ～でしょう ～이죠?(확인), ～이겠죠

キムさんの 彼氏は 日本人でしょう。(♪)

明日から 冬休みでしょう。(♪)

部長は 出張中でしょう。(♪)

> [참고] ～でしょう ～이겠죠?(추측)
>
> 例 明日は たぶん いい 天気でしょう。(↘)
>
> 山田さんは すぐ 来るでしょう。(↘)

4 ～時 ～때

日本へ 行く 時、プレゼントを 買って きます。

忙しい 時は 残業を したり します。

子供の 時、私の 夢は 大統領でした。

冬休ふゆやすみ 겨울 방학, 겨울 휴가 | 出張中しゅっちょうちゅう 출장 중 | 大統領だいとうりょう 대통령

문법 포인트

[참고] 사역 · 사역수동 비교

①

皿を 洗わせる

②

皿を 洗わせられる

③

立たせる

④

立たせられる

⑤

掃除させる

⑥

掃除させられる

⑦

教材を 買わせる

⑧

教材を 買わせられる

⑨

食べさせる

⑩

食べさせられる

※ 사역 · 사역수동 활용 연습 해답

의미	동사	사역형	사역수동형
듣다	聞^きく	聞かせる	聞かせられる
읽다	読^よむ	読ませる	読ませられる
쓰다	書^かく	書かせる	書かせられる
마시다	飲^のむ	飲ませる	飲ませられる
노래하다	歌^{うた}う	歌わせる	歌わせられる
보다	見^みる	見させる	見させられる
하다	する	させる	させられる
가르치다	教^{おし}える	教えさせる	教えさせられる
일하다	働^{はたら}く	働かせる	働かせられる
가다	行^いく	行かせる	行かせられる
울다	泣^なく	泣かせる	泣かせられる
오다	来^くる	来^こさせる	来^こさせられる
기다리다	待^まつ	待たせる	待たせられる
사다	買^かう	買わせる	買わせられる
돌아오다(가다)	★帰^{かえ}る	★帰らせる	★帰らせられる
외우다, 기억하다	覚^{おぼ}える	覚えさせる	覚えさせられる

패턴 연습

1.

掃除を する

先生は 私に トイレの 掃除を させました。

→ 私は 先生に トイレの 掃除を させられました。

1)

日記を 書く

母は 私に 毎日＿＿＿＿＿＿＿＿＿＿＿＿＿＿＿＿＿。

→ 私は 母に 毎日＿＿＿＿＿＿＿＿＿＿＿＿＿＿＿＿。

2)

残業を する

上司は 私に＿＿＿＿＿＿＿＿＿＿＿＿＿＿＿＿＿＿＿＿。

→ 私は 上司に＿＿＿＿＿＿＿＿＿＿＿＿＿＿＿＿＿＿。

3)

走る

先生は 私に 運動場を＿＿＿＿＿＿＿＿＿＿＿＿＿＿。

→ 私は 先生に 運動場を＿＿＿＿＿＿＿＿＿＿＿＿。

4)

泣く

吉田さんは 田中さんを＿＿＿＿＿＿＿＿＿＿＿＿＿＿。

→ 田中さんは 吉田さんに＿＿＿＿＿＿＿＿＿＿＿＿。

トイレ 화장실 | 上司じょうし 상사 | 運動場うんどうじょう 운동장

196

2.

보기

走る
→ 遅刻した 人は 走れ。

1)

起きる
→ もう 8時だ！ 早く＿＿＿＿＿＿＿＿＿＿＿＿＿＿＿＿。

2)

書く
→ ここに 名前を＿＿＿＿＿＿＿＿＿＿＿＿＿＿＿＿＿＿。

3)

止まる
→ ここでは 必ず＿＿＿＿＿＿＿＿＿＿＿＿＿＿＿＿＿。

4)

出す
→ レポートを＿＿＿＿＿＿＿＿＿＿＿＿＿＿＿＿＿＿＿。

遅刻ちこく 지각 | 止とまる 멈추다 | 必かならず 반드시 | レポートを 出だす 리포트를 내다

독해·작문

 읽어 봅시다!

 Track 75

<ruby>小<rt>ちい</rt></ruby>さい<ruby>時<rt>とき</rt></ruby>、<ruby>母<rt>はは</rt></ruby>に<ruby>習字<rt>しゅうじ</rt></ruby>を<ruby>習<rt>なら</rt></ruby>わせられました。<ruby>私<rt>わたし</rt></ruby>は習字は<ruby>大嫌<rt>だいきら</rt></ruby>いでしたが、<ruby>週<rt>しゅう</rt></ruby>に<ruby>2回<rt>にかい</rt></ruby>、習字<ruby>教室<rt>きょうしつ</rt></ruby>に<ruby>通<rt>かよ</rt></ruby>わせられました。

習字教室のある<ruby>火曜日<rt>かようび</rt></ruby>と<ruby>木曜日<rt>もくようび</rt></ruby>は<ruby>友達<rt>ともだち</rt></ruby>と<ruby>遊<rt>あそ</rt></ruby>べなくて<ruby>本当<rt>ほんとう</rt></ruby>に<ruby>嫌<rt>いや</rt></ruby>でした。でも、<ruby>今<rt>いま</rt></ruby><ruby>振<rt>ふ</rt></ruby>り<ruby>返<rt>かえ</rt></ruby>ってみると<ruby>大変役<rt>たいへんやく</rt></ruby>に<ruby>立<rt>た</rt></ruby>っています。<ruby>字<rt>じ</rt></ruby>がとても

きれいだとみんなからほめられます。

習字しゅうじ 서예, 습자 | 習ならわせられる (어쩔 수 없이) 배우다 | 大嫌だいきらいだ 매우 싫어하다 |

週しゅうに 2回にかい 일주일에 두 번 | 通かよわせられる (어쩔 수 없이) 다니다 | 遊あそべる 놀 수 있다 |

嫌いやだ 싫다 | 振ふり返かえってみる 돌아보다 | 役やくに立たつ 도움이 되다 | 字じ 글자 |

일본어로 써 봅시다!

1. 엄마는 나에게 방 청소를 시켰습니다.

_____

2. 매일 한자를 (어쩔 수 없이) 외웁니다.

_____

3. 아침 일찍 일어나!

_____

정답   1. 母(はは)は 私(わたし)に 部屋(へや)の 掃除(そうじ)を させました。
2. 毎日(まいにち) 漢字(かんじ)を 覚(おぼ)えさせられます。
3. 朝(あさ) 早(はや)く 起(お)きろ。

한자 즐기기

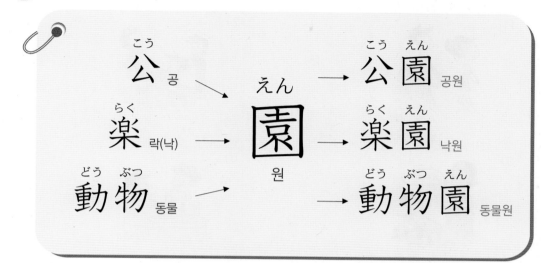

公 こう 공 　→ 　園 えん 원 　→ 　公園 こうえん 공원

楽 らく 락(낙) 　→ 　　　　　→ 　楽園 らくえん 낙원

動物 どうぶつ 동물 　→ 　　　　　→ 　動物園 どうぶつえん 동물원

써 봅시다!

日記 にっき 일기	日記			
掃除 そうじ 청소	掃除			
発表 はっぴょう 발표	発表			
例文 れいぶん 예문	例文			
運動場 うんどうじょう 운동장	運動場			
外国語 がいこくご 외국어	外国語			

듣기 연습

A. 다음 내용을 듣고 무엇에 대해 설명하는지 정답을 고르세요.

 Track 76

정답 (   )

B. 내용을 듣고 그림과 일치하면 ○ , 일치하지 않으면 ×를 넣으세요.

 Track 77

(   )

(   )

(   )

(   )

회화 플러스

1. 최신 유행

 Track 78

→ **最近 どんな スタイルが はやって いますか。**
さいきん

요즘 어떤 스타일이 유행하고 있습니까?

예 A **最近 どんな <u>スタイル</u>が はやって いますか。**

요즘 어떤 스타일이 유행하고 있습니까?

B **<u>ミニスカート</u>が はやって います。** 미니스커트가 유행하고 있습니다.

| 아래 낱말을 써서 밑줄 친 부분과 바꿔서 말해 보세요. |

デザイン 디자인 | 映画えいが 영화 | ヘアスタイル 헤어스타일 | アクセサリー 액세서리 |

花はなの 模様もよう 꽃 무늬 | アクション映画えいが 액션영화 | ロングヘア 롱 헤어 |

カチューシャ 머리띠

2. 공부 방법

→ **学校で 日本語を どう 教えて いますか。**
がっこう　にほんご　　　　　　おし

학교에서 일본어를 어떻게 가르치고 있습니까?

예 A **学校で 日本語を どう 教えて いますか。**
がっこう　にほんご　　　　　　おし

학교에서 일본어를 어떻게 가르치고 있습니까?

B **毎日 <u>漢字の テストを 行い</u>ます。**
まいにち　かんじ　　　　　　　おこな

매일 한자 테스트를 실시합니다.

| 아래 낱말을 써서 밑줄 친 부분과 바꿔서 말해 보세요. |

例文れいぶんを 覚おぼえさせる 예문을 외우게 하다 | 漢字かんじを 書かかせる 한자를 쓰게 하다 |

文章ぶんしょうを 暗記あんきさせる 문장을 암기시키다 | ニュースを 聞きかせる 뉴스를 듣게 하다 |

会話かいわの 表現ひょうげんを 覚おぼえさせる 회화 표현을 외우게 하다

● 불꽃 축제

일본 여름의 풍물시

　일본에서는 전국적으로 많은 '불꽃 축제(花火大会)'가 열립니다. 주로 여름철에 많이 열리는데 많은 사람들이 유카타를 입고 강가나 바닷가에서 시원하게 축제를 즐기는 모습을 쉽게 볼 수 있습니다.

　일본에서 불꽃 축제를 '花火大会' 즉, '불꽃대회'라고 칭하는 이유는 전국적으로 경쟁을 하듯 불꽃 축제가 열리기 때문이라는 이야기가 있습니다. 인터넷을 잠깐만 찾아보면 전국의 불꽃 축제 일정이 정리되어 있습니다. 또한 그해에 열린 불꽃 축제를 대상으로 '쏘아올린 불꽃의 수 랭킹', '가고 싶은 불꽃 축제 랭킹' 등 다양한 종류로 순위를 매긴 것을 볼 수 있습니다. 여름에 일본 여행을 계획하고 있다면 한번쯤 들러 일본의 여름을 만끽하는 것도 좋겠죠. 불꽃 축제 랭킹과 일정이 정리되어 있는 사이트를 통해 어떤 불꽃 축제 등이 있나 둘러보는 것도 좋겠습니다.

　→ https://hanabi.walkerplus.com

▲ 일본 여름의 풍물시

▲ 일본의 불꽃 축제

도쿄의 대표 불꽃 축제 – 스미다가와 불꽃 축제

전국적으로 200여 곳에서 열리는 불꽃 축제 중에서도 손꼽히는 것이 도쿄도 아사쿠사 근처의 스미다가와(隅田川)에서 열리는 '스미다가와 불꽃 축제'입니다. 7월 마지막 주에 열리는 이 불꽃 축제는 관동 지역에서 최고의 불꽃 축제로 꼽히는 오랜 전통의 불꽃 축제입니다. 22,000여 발의 불꽃이 사용되는 이 축제는 각양각색의 화려한 불꽃뿐만 아니라 캐릭터 모양이나 한자 모양의 특이한 모양의 불꽃이 쏘아 올려지는 것으로도 유명합니다. 불꽃 축제의 일정은 우천시 취소가 되거나 연기가 되는 경우가 많으므로 불꽃 축제에 참석할 예정이 있다면 날씨와 날짜를 확인하는 것이 좋습니다.

▲ 밤하늘을 수놓는 불꽃들

▲ 스미다가와 불꽃 축제

14

<ruby>少々<rt>しょうしょう</rt></ruby> お<ruby>待<rt>ま</rt></ruby>ちください。

잠시만 기다려 주십시오.

포인트 스피치  Track 79

" 어서 오세요.

차를 내 올 테니 잠시만 기다려 주세요.

입에 맞을지 어떨지 모르겠습니다만, 어서 드세요.

いらっしゃいませ。

お<ruby>茶<rt>ちゃ</rt></ruby>を <ruby>入<rt>い</rt></ruby>れますから、<ruby>少々<rt>しょうしょう</rt></ruby> お<ruby>待<rt>ま</rt></ruby>ちください。

お<ruby>口<rt>くち</rt></ruby>に <ruby>合<rt>あ</rt></ruby>うか どうか わかりませんが、

どうぞ <ruby>召<rt>め</rt></ruby>し<ruby>上<rt>あ</rt></ruby>がって ください。 "

Track 80

職員	はい、ダイスキホテルで ございます。
木村	中山商事の 木村ですが、部屋の 予約を したいんです。
職員	いつからの お泊まりで いらっしゃいますか。
木村	1月30日から 3泊で、ツインを お願いします。
職員	少々 お待ちください。
職員	お待たせいたしました。中山商事の 木村様、 1月30日から3泊、ツインルームで 承りました。
木村	当日は チェックインが 夜10時を 回ると 思うんですが。
職員	かしこまりました。

商事しょうじ 상사, 상업에 관한 일 | 予約よやく 예약 | 泊とまる 숙박하다, 머물다 | 少々しょうしょうお待まちください。 잠시만 기다려 주십시오 | お待またせいたしました 기다리시게 해서 죄송합니다 |

ツインルーム 트윈룸(twin room) | 承うけたまわる 듣다, 전해 듣다 | 当日とうじつ 당일 | チェックイン 체크인 (check-in) | 回まわる 돌다, (시간이) 지나다 | かしこまりました 알겠습니다(주로 손님, 상사에게 씀)

① 특별 존경어 · 겸양어

기본형	존경어	겸양어
いる		おる 있다
行く	いらっしゃる 계시다, 가시다, 오시다	参る 가다, 오다
来る		
飲む	召し上がる 드시다	いただく 마시다, 먹다
食べる		
知る	ご存じだ 아시다	存じる 알다
見る	ご覧になる 보시다	拝見する 보다
する	なさる 하시다	いたす 하다
言う	おっしゃる 말씀하시다	申す・申し上げる 말씀드리다
会う	お会いになる 만나시다	お目にかかる 뵙다
聞く	お聞きになる 물으시다	伺う 여쭙다
訪ねる		伺う 찾아뵙다
くれる	くださる 주시다	
あげる		さしあげる 드리다
ある		ござる 있다

[참고] 특별 존경어의 ます형

いらっしゃる → いらっしゃいます(○)　いらっしゃります(×)

なさる　　　 → なさいます(○)　　　なさります(×)

おっしゃる　 → おっしゃいます(○)　おっしゃります(×)

くださる　　 → くださいます(○)　　くださります(×)

ござる　　　 → ございます(○)　　　ござります(×)

私<small>わたし</small>は キムと 申<small>もう</small>しますが、佐藤<small>さ とう</small>さん いらっしゃいますか。(いる)

日本<small>に ほん</small>へ いらっしゃった ことが ありますか。(行<small>い</small>く)

いつ 日本から いらっしゃいましたか。(来<small>く</small>る)

グラフを ご覧<small>らん</small>ください。

お飲<small>の</small>み物<small>もの</small>は 何<small>なに</small>に なさいますか。

どうぞ よろしく お願<small>ねが</small>いいたします。

お口<small>くち</small>に 合<small>あ</small>うか どうか わかりませんが、どうぞ 召<small>め</small>し上<small>あ</small>がって ください。

~と申<small>もう</small>します ~라고 합니다 | グラフ 그래프(graph) | お飲<small>の</small>み物<small>もの</small> 음료, 마실 것 |

~に なさいますか ~로 하시겠습니까? | 口<small>くち</small> 입 | ~か どうか わかりません ~인지 어떤지 모릅니다 |

召<small>め</small>し上<small>あ</small>がる 드시다 (→ 食<small>た</small>べる의 존경어)

2 ～で いらっしゃいますか ~이십니까? (존경)

～で ございます ~입니다 (겸양)

① **A** キムさんは 会社員で いらっしゃいますか。

B はい、 会社員で ございます。

② **A** 失礼ですが、日本人で いらっしゃいますか。

B はい、 日本人で ございます。

3 ご + 한자어(동작성 명사)

ご利用、ありがとうございます。

ご注文は？

ご連絡ください。

失礼しつれい 실례 | 利用りよう 이용 | 注文ちゅうもん 주문

[참고] 많이 쓰이는 접두어 お・ご 의 예

① 「ご」한자어 접속

ご<ruby>利用<rt>り よう</rt></ruby> 이용 　　　　ご<ruby>連絡<rt>れんらく</rt></ruby> 연락 　　　　ご<ruby>両親<rt>りょうしん</rt></ruby> 부모

ご<ruby>案内<rt>あんない</rt></ruby> 안내 　　　　ご<ruby>注意<rt>ちゅう い</rt></ruby> 주의 　　　　ご<ruby>住所<rt>じゅうしょ</rt></ruby> 주소

② 「お」순수 일본어 접속

お<ruby>父<rt>とう</rt></ruby>さん 아버지 　　　お<ruby>母<rt>かあ</rt></ruby>さん 어머니 　　　お<ruby>祈<rt>いの</rt></ruby>り 기도

お<ruby>金<rt>かね</rt></ruby> 돈 　　　　　お<ruby>祝<rt>いわ</rt></ruby>い 축하 　　　　お<ruby>友達<rt>ともだち</rt></ruby> 친구

③ 미화어

お<ruby>金<rt>かね</rt></ruby> 돈 　　　　　お<ruby>寿司<rt>す し</rt></ruby> 초밥 　　　　ご<ruby>飯<rt>はん</rt></ruby> 밥

④ 존경

お<ruby>名前<rt>な まえ</rt></ruby> 이름, 성함 　　お<ruby>宅<rt>たく</rt></ruby> 댁 　　　　　お<ruby>元気<rt>げん き</rt></ruby> 건강, 잘 있음

⑤ 접두어 예외

お<ruby>電話<rt>でん わ</rt></ruby> 전화 　　　　お<ruby>正月<rt>しょうがつ</rt></ruby> 정월 　　　お<ruby>誕生日<rt>たんじょう び</rt></ruby> 생일

패턴 연습

1. 보기

いつ 韓国へ 来ましたか。 → いらっしゃいましたか。

1) アメリカで 何を しますか。 → _____。

2) 日本で 何を 食べますか。 → _____。

3) 東京で 何を 見ましたか。 → _____。

2. 보기

A お名前は 何ですか。

B キムと 言います。 → 申します。

1) 私は 学校で 日本語を 勉強して います。

→ _____。

2) すみません。 すぐ 行きます。

→ _____。

3) 郵便局の 前で 先生に 会いました。

→ _____。

アメリカ 미국(America) | お名前なまえ 이름, 성함 | すぐ 곧, 바로 | 郵便局ゆうびんきょく 우체국

읽어 봅시다!　　　　　　　　　　　　　 Track 81

昨日^{きのう}ははじめて先生^{せんせい}のお宅^{たく}にお邪魔^{じゃま}しました。

写真^{しゃしん}で見^みるより奥様^{おくさま}はずっときれいな方^{かた}でした。手料理^{てりょうり}も大変^{たいへん}おいしく、はじめて日本^{にほん}の家庭料理^{かていりょうり}を食^たべることができました。

私^{わたし}はお酒^{さけ}が飲^のめませんが、先生が飲^のめとおっしゃったので飲^のんでみました。思^{おも}ったよりも飲^のみやすくてつい、たくさん飲^のんでしまいました。

はじめて 처음 | お宅^{たく} 댁 | お邪魔^{じゃ}まする 방문하다, 폐를 끼치다 | 奥様^{おくさま} 사모님 |

ずっと 훨씬 | 方^{かた} 분(人^{ひと} 의 높임말) | 手料理^{てりょうり} 손수 만든 요리 |

家庭料理^{かていりょうり} 가정 요리 | 飲^のめ 마셔 (飲^のむ의 명령형) | おっしゃる 말씀하시다 |

思^{おも}ったよりも 생각보다도 | 飲^のみやすい 마시기 쉽다 | つい 그만 | 〜て しまう 〜해 버리다

일본어로 써 봅시다!

1. 언제 일본에 가십니까?

_____

2. 자, 드십시오.

_____

3. 은행원이십니까?

_____

정답　1. いつ 日本^{にほん}へ いらっしゃいますか。
　　　2. どうぞ 召^めし上^あがって ください。
　　　3. 銀行員^{ぎんこういん}で いらっしゃいますか。

한자 연습

한자 즐기기

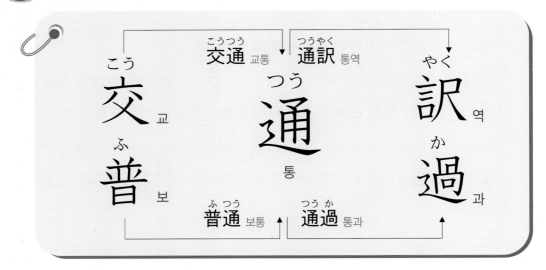

써 봅시다!

しょう じ 商事 상사	商事			
よ やく 予約 예약	予約			
り よう 利用 이용	利用			
とう じつ 当日 당일	当日			
あん ない 案内 안내	案内			
ちゅう もん 注文 주문	注文			

듣기 연습

A. 다음 내용을 잘 듣고 ( ) 안을 채워 보세요.

Track 82

A はい、<ruby>韓国貿易<rt>かんこくぼうえき</rt></ruby>で ( )。

B もしもし、<ruby>私<rt>わたし</rt></ruby>は <ruby>日本商事<rt>にほんしょうじ</rt></ruby>の <ruby>佐藤<rt>さとう</rt></ruby>と <ruby>申<rt>もう</rt></ruby>しますが、
<ruby>社長<rt>しゃちょう</rt></ruby> ( )。

A はい、( )。 <ruby>少々<rt>しょうしょう</rt></ruby> お<ruby>待<rt>ま</rt></ruby>ちください。

B. 내용을 듣고 그림과 일치하면 〇, 일치하지 않으면 ✕를 넣으세요.

Track 83

1)

( )

2)

( )

3)

( )

4)
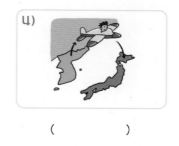
( )

회화 플러스

 Track 84

1. 용돈

→ おこづかいは 一ヶ月 いくらぐらいですか。
용돈은 한 달에 얼마 정도입니까?

例 **A** おこづかいは 一ヶ月 いくらぐらいですか。
용돈은 한 달에 얼마 정도입니까?

B 一ヶ月 約 <u>３０万ウォン</u>ぐらいです。 한 달에 약 30만 원 정도입니다.

2. 경험 2

→ 片想いを した ことが ありますか。
짝사랑을 한 적이 있습니까?

A <u>片想いを した</u> ことが ありますか。 짝사랑을 한 적이 있습니까?

B1 はい、 あります。 네, 있습니다.

B2 いいえ、 一度も ありません。 아니요, 한 번도 없습니다.

| 아래 낱말을 써서 밑줄 친 부분과 바꿔서 말해 보세요. |

飛行機ひこうきに 乗のる 비행기를 타다 | 海外旅行かいがいりょこうを する 해외여행을 하다

日本にほんの ホテルに 泊とまる 일본 호텔에 묵다 | 着物きものを 着きる 기모노를 입다

温泉旅館おんせんりょかんに 行いく 온천여관에 가다

● 모미지가리

　일본도 우리나라와 같이 사계절이 뚜렷하여 가을이 되면 단풍이 절정을 이룹니다. 일본에서는 '단풍 구경', '단풍 놀이'를 말할 때 '모미지가리(紅葉狩り)' 즉, '단풍 사냥'이라는 재밌는 표현을 씁니다. '가리(狩り, 사냥)'라는 표현을 사용하는 이유에 대해서는 사냥을 하지 않는 일본 귀족들이 단풍 구경을 갈 때 허세를 부리려고 '사냥을 간다'고 하고 나갔다는 데서 유래되었다는 설이 있습니다.

　관동 지역에서 손꼽히는 단풍의 명소 중에 도치기현의 '닛코 국립공원(日光国立公園)'이 있습니다. 선명한 빛깔의 단풍이 산과 폭포, 호수 주변을 물들이는 풍경은 보는 이들의 눈을 즐겁게 해 줍니다. 특히 '류즈노타키(竜頭の滝)' 주변의 절경은 폭포와 색색의 단풍이 어우러져 아름다운 자태를 뽐냅니다.

▲ 류즈노타키

▲ 단풍이 절정을 이룬 닛코 국립공원

15

私<ruby>わたし</ruby>が お持<ruby>も</ruby>ちします。

제가 들어 드리겠습니다.

포인트 스피치   Track 85

" 그럼, 프레젠테이션을 시작하겠습니다.
프린트가 없는 분은 말씀해 주세요. 갖다 드리겠습니다.
그럼 지금부터 발표하겠습니다.

では、プレゼンテーションを はじめます。

プリントが ない 方<ruby>かた</ruby>は おっしゃって ください。お持<ruby>も</ruby>ちいたします。

それでは、今<ruby>いま</ruby>から 発表<ruby>はっぴょう</ruby>させて いただきます。 "

Track 86

春香	先生、今回 本を お書きに なったんですね。
作家	おかげさまで やっと 出版できました。
春香	私も さっそく 読ませて いただきました。 大変、面白く 読ませて いただきました。
作家	どんな 点が 興味深かったですか。
春香	そうですね。何と言っても 最後の クライマックスが 素晴らしかったです。
作家	そうですか。思ったより 評判が 良くて、ほっとして います。

作家さっか 작가 | 今回こんかい 이번 | おかげさまで 덕분에 | やっと 드디어 | 出版しゅっぱん 출판 |

さっそく 즉시 | 興味深きょうみぶかい 흥미롭다, 매우 흥미롭다 | 何なんと言いっても 뭐니 뭐니 해도, 무엇보다도 |

最後さいご 마지막, 최후 | クライマックス 클라이맥스(climax) | 素晴すばらしい 훌륭하다 |

評判ひょうばん 평판 | ほっとする 안심하다

문법 포인트

1 존경어 · 겸양어 공식

존경어		겸양어	
お+ます형 お(ご)+한자어	に なる ~하시다 ください ~해 주십시오	お+ます형 お(ご)+한자어	する ~하다 いたす ~해 드리다

お待ちに なります　　　　　　お読みします

お待ちください　　　　　　　　お読みいたします

ご乗車に なる　　　　　　　　ご説明します

ご乗車ください　　　　　　　　ご説明いたします

2 お+ます형+に なる （상대방이）~하시다

これは 吉田先生が お書きに なった 本です。

何時ごろ お帰りに なりますか。

何時ごろ 会社に お戻りに なりますか。

3 ~させて いただく （자신이）~하다 （가장 겸손한 겸양어）

その 本は もう 読ませて いただきました。

ご案内させて いただきます。

お先に 帰らせて いただきます。

　乗車じょうしゃ 승차 | 説明せつめい 설명 | 戻もどる 돌아오다 | もう 이미, 벌써 | 案内あんない 안내 |

お先さきに 먼저

u 何と言っても 뭐니 뭐니 해도, 무엇보다도

何_{なん}と言_いっても うちの 先生_{せんせい}が 最高_{さいこう}です。

何と言っても 性格_{せいかく}が 一番_{いちばん}ですね。

何と言っても 韓国_{かんこく}の 製品_{せいひん}が いいですね。

5 思ったより 생각보다, 생각했던 것보다

思_{おも}ったより 日本語_{にほんご}は おもしろいですね。

キムさんは 思ったより かっこいい 人_{ひと}です。

この レストランは 思ったより おいしいし、

値段_{ねだん}も 高_{たか}くないし、いいですね。

最高さいこう 최고 | **性格**せいかく 성격 | **製品**せいひん 제품 | **かっこいい** 멋지다 |

レストラン 레스토랑(restaurant) | **値段**ねだん 값, 가격

문법 포인트

[참고] 생활에 자주 쓰이는 존경·겸양 표현

① A 木村さん、いらっしゃいますか。(居る) 기무라 씨 계십니까?

　 B はい、おります。

　　 いいえ、おりません。　네, 있습니다/아니요, 없습니다

② 今 どこへ いらっしゃいますか。(行く) 지금 어디에 가십니까?

③ どこから いらっしゃいましたか。(来る) 어디에서 오셨습니까?

④ もしもし、山田さんの お宅ですか。 여보세요, 야마다 씨 댁입니까?

⑤ お住まいは どちらですか。 댁(사시는 곳)은 어디세요?

⑥ あの 方は どなたですか。 저 분은 누구십니까?

⑦ いかがですか。 어떠십니까?

⑧ お忙しいですか。 바쁘십니까?

⑨ お暇ですか。 한가하십니까(시간 괜찮으십니까)?

⑩ よろしいですか。 괜찮으시겠습니까?

⑪ 召し上がってください。 드십시오.

　 いただきます。 잘 먹겠습니다.

⑫ 少々 お待ちください。 잠시만 기다려 주십시오.

⑬ お待たせしました。(＝お待たせいたしました) 오래 기다리셨습니다.

⑭ あとで お電話いたします。 나중에 전화드리겠습니다.

⑮ ご連絡いたします。 연락드리겠습니다.

패턴 연습

1.

보기

昨日 何時ごろ お宅へ 帰りましたか。

→ 昨日 何時ごろ お宅へ お帰りになりましたか。

1)

昨日 山田さんに 会いましたか。

→ 昨日 山田さんに ＿＿＿＿＿＿＿＿＿＿＿＿＿＿＿。

2)

この 本を 読みましたか。

→ この 本を＿＿＿＿＿＿＿＿＿＿＿＿＿＿＿。

3)

何時まで キムさんを 待ちましたか。

→ 何時まで キムさんを＿＿＿＿＿＿＿＿＿＿＿＿＿。

4)

日本語で メールを 書きましたか。

→ 日本語で メールを＿＿＿＿＿＿＿＿＿＿＿＿＿。

～ごろ ～쯤 ｜ メール 메일

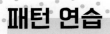

2. 예와 같이 존경어와 겸양어로 만드세요.

	존경어	겸양어
예 読^よむ	お読みに なる	お読みする(いたす)
会^あう		
聞^きく		
話^{はな}す		
説明^{せつめい}		
案内^{あんない}		
連絡^{れんらく}		
電話^{でんわ}		

읽어 봅시다!

 Track 87

私たちのクラスの日本語の先生は授業を始める前に必ず漢字の小テストを行いました。毎日ですので、時々学生から不満が出ましたが、先生はいつも「これもあなたたちのためです。」とおっしゃって、最後までテストを行いました。そのおかげで、今は漢字に自信が持てるようになりました。

クラス 教室, 클래스(class) | 始はじめる 시작하다 | 必かならず 반드시 | 小しょうテスト 간단한 시험, 쪽지시험 |

行おこなう 행하다, 실시하다 | 時々ときどき 때때로 | 不満ふまん 불만 | 【명사】＋の＋ため ～를 위하여 |

おっしゃる 말씀하시다 | 自信じしん 자신 | ～ように なる ～하게 되다

일본어로 써 봅시다!

1. 제가 들어 드리겠습니다.

_____

2. 설명해 드리겠습니다.

_____

3. 여기에 주소를 써 주십시오.

_____

정답 1. 私(わたし)が お持(も)ちします。(＝お持(も)ちいたします)
2. ご説明(せつめい)します いたします。(＝ご説明いたします)
3. こちらに ご住所(じゅうしょ)を お書(か)き ください。

한자 연습

漢 한자 즐기기

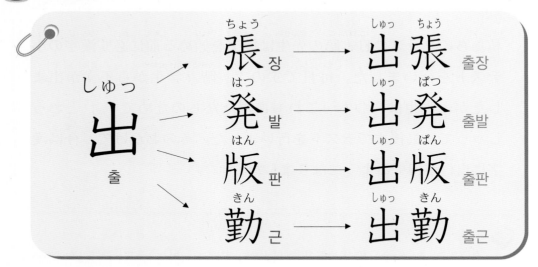

しゅっ
出
출

ちょう
張 장

はつ
発 발

はん
版 판

きん
勤 근

→

しゅっ ちょう
出 張 출장

しゅっ ぱつ
出 発 출발

しゅっ ぱん
出 版 출판

しゅっ きん
出 勤 출근

🖌 써 봅시다!

こん かい 今回 이번	今回			
しゅっ ぱん 出版 출판	出版			
きょう み 興味 흥미	興味			
ひょう ばん 評判 평판	評判			
さい こう 最高 최고	最高			
さい ご 最後 최후, 마지막	最後			

듣기 연습

A. 다음 내용을 잘 듣고 ( ) 안을 채워 보세요.

 Track 88

男　ご注文は？

女　チーズケーキ（　　　　　）

　　ホットコーヒー（　　　　　）

　　お願いします。

男　少々（　　　　　　　　　）。

　　（　　　　　　　　　　　）。

　　ごゆっくり どうぞ。

B. 내용을 듣고 그림과 일치하면 〇, 일치하지 않으면 ×를 넣으세요.

 Track 89

1)

（　　　　　）

2)

（　　　　　）

3)

（　　　　　）

ц)

（　　　　　）

회화 플러스

1. 주문

 Track 90

> ➔ **すみません。ポテトと コーラを ください。**
> 저기요, 포테이토와 콜라를 주세요.

예 **A** すみません。<u>ポテトと コーラを</u> ください。
　　 저기요, 포테이토와 콜라를 주세요.

B₁ <u>はい、お持ち帰りですか。</u> 네, 포장이신가요?

B₂ <u>ここで お召し上がりですか。</u> 여기서 드시나요?

| 아래 낱말을 써서 밑줄 친 부분과 바꿔서 말해 보세요. |

すしセット 초밥 세트 | サラダ 샐러드 | 1人前いちにんまえ 1인분 | 2人前ににんまえ 2인분 |

少々しょうしょう お待まちください 잠시만 기다려 주십시오 |

すぐに お持もちいたします 바로 가져다 드리겠습니다

2. 계산

> ➔ **お会計かいけいは どう なさいますか。**
> 계산은 어떻게 하시겠습니까?

A <u>お会計は どう</u> なさいますか。 계산은 어떻게 하시겠습니까?

B <u>カードで</u> お願ねがいします。 카드로 부탁합니다.

| 아래 낱말을 써서 밑줄 친 부분과 바꿔서 말해 보세요. |

包装ほうそう 포장 | お支払しはらい 지불 | デザート 디저트 | お飲のみ物もの 음료 |

メニュー 메뉴 | 何なにに なさいますか 무엇으로 하시겠습니까? | べつべつに 따로따로 |

一緒いっしょに 같이 | 現金げんきん 현금

● 일루미네이션

겨울철이 되면 일본 각지에서는 빛의 향연인 '일루미네이션(イルミネーション)'을 선보입니다. 테마 파크나 유원지뿐만 아니라 거리 곳곳에서 화려한 일루미네이션이 펼쳐집니다.

전국 각지에 유명한 일루미네이션 명소가 있지만 그중에서도 최고의 일루미네이션 명소로 꼽히는 곳이 가고시마현(鹿児島県)의 '플라워파크(フラワーパーク)'입니다. 450만 개의 전구를 사용하여 빛의 정원을 표현한 '플라워파크'는 꽃 전문가들이 꽃잎 하나하나의 세세한 부분까지 빛으로 구현했다고 합니다.

도쿄 도심 중심부에 자리한 '도쿄 미드타운(東京ミッドタウン)' 일대 역시 최고의 일루미네이션 명소로 꼽힙니다. 청색 LED 전구를 이용해 마치 우주 공간을 연상시키는 일루미네이션으로 유명합니다. 도쿄의 또 다른 일루미네이션 명소로는 도쿄 이나기시(稲城市)와 가나가와현 다마구(神奈川県 多摩区)에 걸쳐 있는 테마 파크인 '요미우리랜드(よみうりランド)'가 있는데, 일루미네이션이 마치 보석처럼 빛난다고 하여 주엘루미네이션(ジュエルミネーション. 보석(ジュエル)와 일루미네이션을 합친 말)이라고 부릅니다. 600만 개의 전구를 사용하여 빛의 이상향 '라이트피아'를 연출하여 보고 있으면 감탄사가 절로 나온다고 합니다.

▲ 가고시마현 플라워파크   ▲ 도쿄 미드타운의 일루미네이션

Memo

 **부록**

듣기 연습 스크립트와 정답

1과 듣기 연습 • 021

A

今日は 土曜日です。彼女に 会って 一緒に バスに 乗って 鐘路へ 行きました。鐘路は とても にぎやかでした。私たちは デパートで 買い物してから 食事を しました。それから 一緒に 映画を 見て 家へ 11時ごろ 帰りました。

정답 3

B

① A: 今 何を して いますか。
　　B: 映画を 見て います。

② A: 今 何を して いますか。
　　B: プールで 泳いで います。

③ A: 今 何を して いますか。
　　B: 本を 読んで います。

④ A: 今 何を して いますか。
　　B: 運動を して います。

정답

① ✕　　② ◯　　③ ✕　　④ ✕

2과 듣기 연습 • 032

A

キム　鈴木さん、ワンピースを 着て いる 人は 妹さんですか。
鈴木　いいえ、姉です。
キム　え～、お姉さんですか。若く 見えますね。

スカートを はいて 眼鏡を かけて いる 人は?
鈴木　妹です。
キム　あ～、この 人が 妹さんですね。

정답 3

B

① 田中さんは 東京に 住んで います。
② 田中さんは 結婚する 予定です。
③ 田中さんは 車を 持って いません。
④ 田中さんの 趣味は 水泳です。

정답

① ◯　　② ✕　　③ ✕　　④ ◯

3과 듣기 연습 • 045

A

医者　どうしましたか。
木村　のどが 痛いんです。頭も 痛いし。
医者　せきは 出ますか。
木村　はい、すこし 出ます。鼻水も 出ます。
医者　風邪ですね。
木村　あのう、お酒を 飲んでも いいですか。
医者　いいえ、お茶や コーヒーは 飲んでも いいですが、お酒は 飲んでは いけません。もちろん、タバコも 吸っては いけません。
木村　お風呂に 入っても いいですか。
医者　お風呂に 入っては いけませんが、簡単な シャワーなら いいです。

정답 2

B

① **A:** ここで、食べても いいですか。

   B: はい、食べても いいです。

② **A:** 歌を 歌っても いいですか。

   B: はい、歌を 歌っても いいです。

③ **A:** ここで 泳いでも いいですか。

   B: はい、泳いでも いいです。

④ **A:** ここで 写真を 撮っても いいですか。

   B: いいえ、撮っては いけません。

> **정답** 4

4과 듣기 연습 • 059

A

この 本を 読んだ ことが ありますか。
とても おもしろいですよ。

① はい、その 映画を 見た ことが あります。

② そうですか。私も 読みたいです。

③ あ～、音楽を 聞いて いましたね。

④ 今 何を して いますか。

> **정답** 2

B

キム イさんは 日本の 温泉へ 行った ことが あり
　　ますか。

イ　　はい、あります。日本は 温泉が 有名ですね。

キム そうですね。私も 行った ことが あります。
　　ところで、イさん、日本の 相撲を 見た ことが
　　ありますか。とても おもしろかったですが。

イ　　私も 見たかったんですが、友達が カラオケ

へ 行きたがって いたので、カラオケへ 行き
ました。キムさんは 日本で カラオケへ 行っ
た ことが ありますか。

キム 私は 日本でも 韓国でも カラオケへ 一度も
　　行った ことが ありません。

イ　　え～、本当ですか。

キム はい、歌が とても 下手なので、カラオケよ
　　り ドラマとか 映画を 見る 方が いいです。

イ　　へえ、そうなんですか。

> **정답**

	温泉	相撲	カラオケ
キム	○	○	×
イ	○	×	○

5과 듣기 연습 • 073

A

昨日は 木村さんの 誕生日でした。私は パーティ
ーへ 行く 前に デパートへ 行って プレゼントを
買いました。バーゲンだったので 安い ものが た
くさん ありました。それから、学校の クラスメー
トと 誕生日パーティーに 行きました。お酒を 飲
んだり 歌を 歌ったり 踊ったり しました。とても
楽しい パーティーでした。土曜日に 日本語の テ
ストが あって ちょっと 心配だったので、パーテ
ィーが 終わってから 家へ 帰って 勉強しました。

> **정답** 2

B

① 友達に 会って お茶を 飲んだり 料理を 作った
　り します。

② 掃除を したり 運動を したり します。

③ 運動したり ベンチに 座って 休んだり します。

④ 寝たり 本を 読んだり します。

❶ ○   ❷ ×   ❸ ○   ❹ ×

6과 듣기 연습 • 088

A

男 あの、週末の 旅行の ことなんですが、土曜日は どうですか。

女 えーと、8日の 土曜日は コンサートを 見に 行く 約束が あるから 行けません。

男 そうですか。私は 8日は 行けますが、15日の 土曜日には テストが あるんです。

女 しょうがないですね。じゃ……。

정답   3

B

❶ 花子さんは 英語が 上手です。
アメリカ人と 英語で 上手に 話せます。

❷ 花子さんは ギターが 弾けません。
でも、ピアノは 弾けます。

❸ 花子さんは スポーツが 上手ですが、水泳だけ は ぜんぜん できません。

❹ 花子さんは お酒が 好きですが、あまり 飲めません。

정답

❶ ○   ❷ ×   ❸ ×   ❹ ×

7과 듣기 연습 • 104

A

恵美 これ、鈴木さんの 会社の 制服なんですか。
スーツを 着なければ なりませんか。

鈴木 スーツは 着なくても いいですが、ネクタイを しなければ なりません。私は Yシャツよりは セーターの 方が いいですけどね。

恵美 そうですね。じゃ、女の 人の かっこうは?

鈴木 スカートを はかなければ なりません。それに 白い ブラウスも 着なければ なりません。

恵美 へぇ、そうなんですか。

정답   3

B

❶ 芝生に 入らないで ください。

❷ お酒を 飲んで 車を 運転しないで ください。

❸ 明日は テストだから 勉強しなければ なりません。

❹ コーヒーは 飲んでも いいですが、たばこは 吸わない 方が いいです。

정답

❶ ○   ❷ ×   ❸ ○   ❹ ○

8과 듣기 연습 • 122

A

木村 アヤさん、顔色が よく ないですね。どうし
   たんですか。

アヤ 今日 病院へ 行って 来たんですが、風邪だそ
   うです。

木村 そうですか。 薬は 飲みましたか。

アヤ いいえ、ご飯を 食べてから 飲もうと 思います。

木村 薬を 飲んで ゆっくり 休んで ください。

アヤ はい、ありがとうございます。木村さんも
   気を つけて ください。

정답

나 – 다 – 라 – 가

B

❶ 天気予報に よると 明日は 雨が 降るそうです。

❷ 鈴木さんは お金が あまり なさそうです。

❸ 時間が あまり ないから タクシーに 乗ろうと
   思います。

❹ キムさんは 頭が よさそうです。

정답

❶ ✕　　　❷ ✕　　　❸ ◯　　　❹ ◯

9과 **듣기 연습 • 136**

A

恭子 これ、 田中さんの 家族の 写真ですか。

田中 はい、そうです。

恭子 お父さんと お母さんは とても 優しそうです
   ね。田中さんの 隣の 人は 妹 さんですか。

田中 いいえ、姉です。

恭子 へえ、本当ですか。 まるで 妹のようですね。

정답　1

B

❶ 山田さんの 妹 さんは あまり 女らしく ないです。

❷ 木村さんは 魚が あまり 好きじゃないみたいです。

❸ 山田さんと 佐藤さんは とても 親しいです。 ま
   るで 兄弟みたいですね。

❹ この 女の人は 先生なのに 先生らしく ない かっ
   こうを して います。

정답

❶ ✕　　　❷ ◯　　　❸ ✕　　　❹ ◯

10과 **듣기 연습 • 152**

A

女 あの、すみません。学校へ 行きたいんです
   が、ここから どうやって 行けば いいですか。

男 学校ですか。この 道を まっすぐ 行くと 交差
   点が 二つ あります。一つ目の 交差点を 左
   に 曲がると 右側に あります。

女 ありがとうございました。

男 いいえ、 どういたしまして。

정답　A

233

듣기 연습 스크립트와 정답

B

❶ **A:** 銀行へ 行きたいんですが、ここから どうやって 行けば いいですか。

　B: この 道を 右に 曲がると 左側に あります。

❷ **A:** あの、映画の チケットが 二枚 あるんですが、明日 時間が あれば 映画を 見に 行きませんか。

　B: 明日なら いいですよ。

❸ **A:** お腹が 痛いんです。どうしたら いいですか。

　B: お腹が 痛いなら 病院へ 行った 方が いいですね。

❹ **A:** キムさん、今 スーパーの 前ですが、どこか わかりません。

　B: そうですか。スーパーを 左に 曲がると 右側に あります。もし わからなかったら 電話して ください。

정답

❶ ○　　❷ ○　　❸ ×　　❹ ×

11과 듣기 연습 • 169

A

木村　今度 ボーナスを もらったら 何が したいですか。

キム　デパートで 新しい 靴と かばんを 買おうと 思います。木村さんは 何が したいですか。

木村　私は 友達と 一緒に 日本へ 行って こようと 思います。

キム　うらやましいですね。期間は どのぐらいで

すか。

木村　3泊4日ぐらいの 予定です。

キム　予約は しましたか。

木村　はい、友達に 予約して もらいました。

❶ 男の 人は 女の 人と 一緒に 日本へ 行く 予定です。

❷ 女の 人は ボーナスを もらったら 済州道へ 行きます。

❸ 男の 人は ボーナスを もらったら 日本へ 行く 予定です。

❹ 女の 人に ホテルの 予約を して もらいました。

정답　3

B

❶ 私は 彼女に 花束を 買って あげました。

❷ 私は 犬に パンを やりました。

❸ 私は 先生に ペンを いただきました。

❹ 彼女は 私に かばんを 買って くれました。

정답

❶ ○　　❷ ○　　❸ ×　　❹ ○

12과 듣기 연습 • 184

A

恭子　もしもし、田中さん。今 何を して いますか。

田中　家で ごろごろ して います。私、昨日 学校で 先生に ほめられて 気分が とても よかっ

234

たんですけど、帰（かえ）りの バスで……。

恭子 バスで? 何（なに）か あったんですか。

田中 だれかに カバンを 盗（ぬす）まれて しまったんです。

恭子 え? それは 大変（たいへん）ですね。 カバンに お金（かね）も 入（はい）って いたんですか。

田中 ええ、アルバイトで もらった お金を 全部（ぜんぶ）取（と）られちゃったんです。

恭子 あ～あ。

田中 それに 雨（あめ）に 降（ふ）られて 服（ふく）は 濡（ぬ）れるし、母（はは）に 散々（さんざん）叱（しか）られて……。 気分（きぶん）は 最悪（さいあく）です。週末（しゅうまつ）は ずっと 家（いえ）に いる つもりですよ。

B

❶ 犬（いぬ）に 手（て）を 噛（か）まれました。

❷ 雨（あめ）に 降（ふ）られて 新（あたら）しい 服（ふく）が 濡（ぬ）れて しまいました。

❸ バスの 中（なか）で 隣（となり）の 人（ひと）に 足（あし）を 踏（ふ）まれました。

❹ 試験（しけん）の 成績（せいせき）が 悪（わる）くて 母（はは）に 叱（しか）られました。

13과 듣기 연습 • 200

A

男（おとこ） 人（ひと）が いっぱい いる ところと 言（い）えば やっぱり 新宿（しんじゅく）ですよね。

女（おんな） はい。

男 彼女（かのじょ）に 人が たくさん いる ところで 告白（こくはく）され

たいって 言（い）われて。

女 わ～ すごい！ それで したんですか。

男 したというより、させられたんです。 無理（むり）やりに。 本当（ほんとう）に 恥（は）ずかしかったですよ。

B

❶ 学生（がくせい）は 先生（せんせい）に 本（ほん）を 読（よ）ませられました。

❷ 先生に トイレの 掃除（そうじ）を させられました。

❸ 先輩（せんぱい）は 後輩（こうはい）に お酒（さけ）を 飲（の）ませました。

❹ 母（はは）は 私（わたし）に 皿（さら）を 洗（あら）わせました。

14과 듣기 연습 • 213

A

女（おんな） はい、韓国貿易（かんこくぼうえき）で(ございます)。

男（おとこ） もしもし、私（わたし）は 日本商事（にほんしょうじ）の 佐藤（さとう）と 申（もう）しますが、社長（しゃちょう）(いらっしゃいますか)。

女 はい、(おります)。 少々（しょうしょう）お待（ま）ちください。

B

❶ A: どうぞ 召（め）し上（あ）がって ください。

   B: いただきます。

❷ A: チエさん、 何（なに）に なさいますか。

   B: 私（わたし）は 豚（とん）カツが いいんですが。

A: 私は すしセットに します。

❸ **A:** この 映画 もう ご覧に なりましたか。

B: はい、 先週の 土曜日に 拝見しました。

❹ **A:** もしもし、 田中さんの お宅ですか。

B: はい、 そうです。

A: 私、 木村ですが、 アキラさん いらっしゃいますか。

B: はい、 少々 お待ちください。

정답

❶ ○　　❷ ○　　❸ ○　　❹ ✕

정답

❶ ○　　❷ ○　　❸ ○　　❹ ✕

15과 듣기 연습 • 225

A

男　ご注文は?

女　チーズケーキ(と) ホットコーヒー(を) お願いします。

男　少々 (お待ちください)。

(お待たせしました)。 ごゆっくり どうぞ。

B

❶ ずいぶん 重そうですね。 私が お持ちいたします。

❷ どうぞ、 お入りください。

❸ 二人で お話しください。

❹ あ! この 本、 このあいだ 読ませて いただきましたけど。

본문 해석

1과

기본 회화 • 011

다나카　김 씨, 여기에서 무엇을 하고 있습니까?
김　　　일본어 숙제를 하고 있습니다.
다나카　김 씨는 일본어를 배우고 있습니까?
김　　　내년 4월에 일본에 갈 예정입니다.
다나카　유학입니까?
김　　　네, 그렇습니다.
　　　　매일 MP3를 들으면서 책을 읽고 있는데,
　　　　일본어는 역시 한자가 가장 어렵네요.
다나카　어려운 한자는 저에게 물어 보세요.

독해·작문 • 019

9월 20일 목요일 맑음
오늘은 아침 일찍 일어나서 세수를 하고 나서 공원
에 운동하러 갔습니다.
운동하고 나서 가족과 함께 아침밥을 먹었습니다.
그리고 한 시간 정도 버스를 타고 회사에 갔습니다.
일이 끝나고 7시에 친구와 만나 같이 연극을 봤습니다.
굉장히 재미있었습니다.

2과

기본 회화 • 025

아오키　비가 많이 내리고 있네요.
　　　　사토미 씨는 우산을 갖고 있습니까?
사토미　아니요. 저는 갖고 있지 않습니다.
아오키　사토미 씨는 어디에 살고 있습니까?
사토미　이 근처에 살고 있습니다.
아오키　그럼, 제 우산으로 같이 갑시다.
〈걸으면서〉
아오키　사토미 씨는 혼자서 삽니까?
사토미　아니요, 남편과 같이 살고 있습니다.
아오키　에! 결혼했습니까?

독해·작문 • 030

저는 작년까지 혼자서 살고 있었는데,
올해 2월에 결혼해서 아내와 같이 인천에 살고 있습니다.
아내와 저는 2년 전에 친구의 소개로 만났습니다.
소개받은 날에 아내는 귀여운 모자를 쓰고, 파란
블라우스를 입고, 스커트를 입고 왔었습니다. 매우
예뻤습니다.

3과

기본 회화 • 037

김　　　요즘 5킬로나 쪄 버려서 운동하고 싶은데,
　　　　시간이 별로 없습니다.
　　　　여동생도 하고 싶어하는데 좀처럼 할 수가 없습니다.
기무라　김 씨, 사토미 씨는 운동해서 10킬로나 살을 뺐어요.
김　　　에~. 부럽네요.
기무라　저도 다음 주부터 스포츠 클럽에 다닐 생각인데,
　　　　같이 가지 않겠습니까?
김　　　그거 좋네요. 여동생도 데리고 가도 됩니까?
기무라　물론이죠. 같이 열심히 합시다.

독해·작문 • 043

오늘 저는 아파트를 알아보러 부동산에 갔다 왔습니다.
싼 아파트는 역에서 걸어서 20분 정도인 것이 많았습니다.
하지만, 저는 조금 비싸도 역에서 가까운 곳이 좋다고 생각합니다.
가장 마음에 든 곳은 역에서 걸어서 5분쯤 걸리는
곳으로 집세는 6만 5천 엔이었습니다.
오늘은 하루종일 걸어 다녀서 다리가 매우 아팠습니다.

본문 해석

4과

기본 회화 • 049

〈사진을 보면서〉

왕 김 씨는 우에노 공원에 가 본 적이 있습니까?

김 네, 2년 전에 가 본 적이 있습니다.

왕 공원 안에 있는 미술관에 가 봤습니까?
정말로 훌륭한 미술관입니다.

김 그렇습니까? 몰랐습니다.
그런데, 일본에 갔을 때,
저는 일본어 공부를 시작한 지 얼마 안 됐기 때문
에, 일본어로 말하는 것이 어려웠습니다.

왕 그렇습니까? 처음에는 간단한 회화 표현 정도는
공부해 두는 편이 좋습니다.

독해·작문 • 057

> 7월 8일 목요일 흐림 가끔 비
> 오늘은 바쁜 하루였다. 9시에 중요한 회의가 있어
> 서 아침밥을 먹고서 바로 집을 나왔다.
> 회사에 도착해서 회의 서류를 읽었다.
> 새로운 프로젝트에 대해 2시간 정도 회의를 했다.
> 12시에 동료와 같이 회사 근처에서 점심을 먹었다.

5과

기본 회화 • 063

아오키 김 씨는 한가할 때 무엇을 합니까?

김 책을 읽거나 음악을 듣거나 합니다.
아오키 씨는요?

아오키 저는 운동하거나 영화를 보거나 합니다.
김 씨는 '러브'라는 영화를 본 적이 있습니까?

김 아니요. 본 적이 없습니다.

아오키 정말로 재미있는 영화였어요.
지금도 서울 영화관에서 (상영)하고 있을지도
모릅니다.

김 저도 꼭 보고 싶네요.

독해·작문 • 071

> 어제는 오랜만에 친구와 같이 '애인'이라는 영화를
> 봤습니다.
> 매우 감동적이었습니다.
> 영화를 보고 나서 밥을 먹거나 노래방에 가서 노래
> 를 부르거나 했습니다. 매우 즐거웠습니다.
> 내일은 회사 동료와 바다에 갑니다. 비가 내릴지도
> 모르지만, 전부터의 약속이기 때문에 비가 내려도
> 갈 겁니다.

6과

기본 회화 • 079

기무라 술을 마실 수 있어요?

김 아니요. 그다지 마시지 못해요.

기무라 어떤 술이라면 마실 수 있어요?

김 단 술이라면 마실 수 있습니다.

기무라 그럼 다음번에 마시러 갑시다.

김 좋네요. 언제 갈까요?

기무라 다음 주 금요일은 어떻습니까?

김 금요일은 친구 졸업식이라서 갈 수 없습니다.
하지만, 토요일이라면 괜찮아요.

기무라 그렇습니까? 그럼 토요일로 합니다.

독해·작문 • 086

> 이것은 '러브'라는 영화의 팸플릿입니다.
> 저는 일본어를 할 수 있어서 이 팸플릿의 일본어를
> 읽을 수 있습니다.
> 이 영화는 한국인과 일본인과의 사랑에 대한 이야
> 기입니다.
> 20세 이상인 사람은 이 영화를 볼 수 있습니다만,
> 20세 미만인 사람은 볼 수 없습니다.

기본 회화 • 093

야마다　교코 씨, 취직 축하합니다.

교코　감사합니다. 하지만, 매일 아침 5시에 일어나야 합니다.

야마다　네? 빠르네요. 토요일도 회사에 갑니까?

교코　아니요. 토요일은 가지 않아도 괜찮습니다.

야마다　저희 회사는 토요일도 가야 합니다.

교코　그것 참 힘들겠네요.

야마다　교코 씨, 출근은 언제부터입니까?

교코　내일부터입니다.

야마다　그럼 늦지 마세요.

독해·작문 • 102

집에서 학교까지 약 한 시간 정도 걸리기 때문에 저는 아침 일찍 일어나야 합니다. 가끔 아침밥을 먹지 않고 갈 때도 있습니다.

내일 수업은 오후 2시에 시작되기 때문에 서두르지 않아도 괜찮습니다.

다음 주 월요일에는 시험이 있어서 열심히 공부해야 합니다.

8과

기본 회화 • 109

〈초대장을 보면서〉

기무라　이건 무엇입니까?

교코　초대장이에요. 토요일에 메구미 씨가 결혼한다고 합니다.

기무라　그렇군요. 이쪽 분이 결혼할 사람입니까? 자상해 보이네요.

그런데 교코 씨는 메구미 씨 결혼식에 갑니까?

교코　네, 아르바이트가 끝나고 나서 가려고 합니다만.

기무라　신혼여행은 어디로 갑니까?

교코　유럽으로 간다고 합니다.

기무라　부럽군요. 저도 빨리 결혼하고 싶네요.

독해·작문 • 120

저는 주말에 친구와 제주도에 놀러 가려고 합니다. 하지만, 뉴스에 의하면 내일부터 일요일까지 계속 비가 내린다고 합니다. 그래서 어제 친구에게 전화를 해서 물어봤습니다. 친구는 날씨가 안 좋아도 가자고 했습니다. 우리들은 예정대로 가기로 했습니다만. 지금이라도 비가 내릴 것 같아서 조금 걱정입니다.

9과

기본 회화 • 127

다나카　기무라 씨의 여자 친구는 매주 토요일에 병원에서 봉사 활동을 하고 있다고 해요.

교코　그렇습니까? 마치 천사 같네요. 언제부터 하고 있다고 합니까?

다나카　1년 이상 계속하고 있다는 것 같습니다.

교코　대단하네요.

다나카　게다가 여성스럽고 예쁘고, 나이팅게일 같은 사람이 되고 싶다고 한대요.

독해·작문 • 134

메구미는 나와 동갑인데도 행동이나 말투를 보면 마치 언니 같다. 그녀는 여성스럽고 친절해서 남자들에게 인기가 굉장히 많은 것 같다.

내일은 휴일이라서 메구미네 집에 놀러 가려고 한다. 같이 비디오를 보거나 커피를 마시면서 이야기하려고 한다.

10과

기본 회화 • 141

김　저, 실례합니다. 이 근처에 다이스키 호텔이 있

본문 해석

습니까?

시미즈 네, 다이스키 호텔이라면 이 근처에 있어요.

김 여기에서 어떻게 가면 됩니까?

시미즈 이 길을 쭉 가면 사거리가 나옵니다.
거기서 오른쪽으로 돌면 왼편에 있습니다.

김 예?

시미즈 저쪽의 파출소가 보입니까?

김 네, 보입니다.

시미즈 혹시 모르겠다면 저기 파출소에 가서 물어보세요.

독해·작문 • 150

다카하시 씨는 저의 대학 시절 친구입니다.
다카하시 씨는 저의 집 근처에 살고 있어서 집에서
걸어서 5분 정도밖에 걸리지 않습니다.
저의 집 바로 앞에 서점이 있습니다만, 서점을 지나
서 조금 걸으면 오른편에 슈퍼마켓이 있습니다. 그
슈퍼마켓에서 오른쪽으로 돌면 왼편에 다카하시 씨
의 집이 있습니다.

11과

기본 회화 • 157

김 실례합니다.
뭔가 쓸 것을 빌려주지 않겠습니까?

시미즈 네, 여기요.

김 이 서류를 내일까지 교무과에 제출해야만 합니다.
하지만 한자를 잘 몰라서 곤란합니다. 도와주시겠어요?

시미즈 그럼요. 제가 도와 드리겠습니다.

김 감사합니다. 이것은 뭐라고 쓰여 있습니까?

시미즈 이것은 '현주소'로, 지금 살고 있는 곳이라는 의미입니다.

독해·작문 • 167

다나카 군은 제가 곤란할 때에 제일 의지가 되는 친
구입니다.
일전에도 제가 전차 안에서 가방을 잃어버렸을 때
일부러 역까지 같이 가 주었습니다. 그리고 보증인
이 없어서 곤란해하고 있을 때도 흔쾌히 보증인을
맡아 주었습니다.
저는 언젠가 다나카 군에게 보답을 하려고 생각하
고 있습니다.

12과

기본 회화 • 173

김 무슨 일이에요? 안색이 나쁘네요.

사토 어제 잠을 거의 못 잤습니다.
갑자기 친구가 술자리에 불러서요.

김 또 마신 겁니까?

사토 네, 못 마시는 위스키는 억지로 마시고,
아내한테는 호되게 잔소리를 듣고……

김 저런 저런.

사토 이제부터는 불러도 되도록 빨리 집에 돌아가도
록 하겠습니다.

독해·작문 • 182

저는 어렸을 때부터 야단만 맞았습니다.
특히 초등학생 때에는 자주 복도에 서 있었습니다.
호기심이 강한 탓인지 얌전히 있지 못하는 성격 같
습니다. 그 때문인지 아버지한테는 언제나 주의하
라며 호되게 말을 들었습니다. 하지만, 어른이 되어
보니 지금은 좋은 추억이 되고 있습니다.

13과

기본 회화 • 189

김 하야토 씨는 학교에서 일본어를 가르치고 있죠?
학생들에게 어떻게 가르치고 있습니까?

하야토	매일 노트에 한자를 쓰게 하기도 하고 예문을 외우게 하거나 하고 있습니다.
김	저는 선생님께서 매일 본문을 읽게 해서 힘듭니다. 본문을 못 읽을 때는 너무 창피해서요.
하야토	저도 처음에 한국어를 배울 때 한글을 못 써서 선생님께 좀 더 공부하고 오라고 들어서 고생했습니다.
김	외국어를 배우는 것은 힘드네요.

독해·작문 • 198

어렸을 때에 어머니가 서예를 배우게 했습니다. 저는 서예가 너무 싫었습니다만, 일주일에 2번 서예 교실에 다녔습니다.
서예 교실을 다니는 화요일과 목요일은 친구와 놀수 없어서 정말로 싫었습니다.
하지만, 지금 되돌아보면 굉장히 도움이 되고 있습니다. 글씨가 정말 예쁘다고 모두에게 칭찬받습니다.

14과

기본 회화 • 205

직원	네, 다이스키 호텔입니다.
기무라	나카야마 상사의 기무라입니다만, 방을 예약하고 싶습니다.
직원	언제부터 묵으실 예정이십니까?
기무라	1월 30일부터 3박으로 트윈 룸을 부탁합니다.
직원	잠시만 기다려 주십시오.
직원	기다리게 해서 죄송합니다. 나카야마 상사의 기무라 님, 1월 30일부터 3박 트윈 룸으로 예약해 드렸습니다.
기무라	당일은 체크인이 밤 10시를 넘을 것 같습니다만.
직원	알겠습니다.

독해·작문 • 211

어제는 처음으로 선생님 댁을 방문했습니다.
사모님은 사진에서 보던 것보다 훨씬 아름다운 분이었습니다. 손수 만든 요리도 굉장히 맛있고 처음으로 일본의 가정요리를 먹을 수 있었습니다.
저는 술을 마시지 못하지만, 선생님께서 마시라고 하셔서 마셔 보았습니다. 생각보다도 마시기 쉬워서 그만, 많이 마시고 말았습니다.

15과

기본 회화 • 217

하루카	선생님 이번에 책을 쓰셨네요.
작가	덕분에 드디어 출판할 수 있었습니다.
하루카	저도 바로 읽었습니다. 굉장히 재미있게 읽었습니다.
작가	어떤 점이 흥미 깊었습니까?
하루카	글쎄요, 무엇보다도 마지막 클라이맥스 부분이 멋졌습니다.
작가	그렇습니까? 생각보다 평판이 좋아서 안심하고 있습니다.

독해·작문 • 223

우리 반의 일본어 선생님은 수업을 시작하기 전에 반드시 한자 쪽지 시험을 실시했습니다. 매일 하기 때문에 가끔 학생들한테서 불만이 나왔습니다만, 선생님은 언제나 "이것도 여러분을 위해서예요."라고 말씀하시며 끝까지 시험을 실시했습니다. 그 덕분에 지금은 한자에 자신을 가질 수 있게 되었습니다.

문법 정리 포인트

1과~3과

1. て형 활용 문법 총정리

	食べる 먹다	買う 사다	飲む 마시다
~て ください ~해 주세요	食べて ください	買って ください	飲んで ください
~て います ~하고 있습니다	食べて います	買って います	飲んで います
~てから ~하고 나서	食べてから	買ってから	飲んでから
~て みる ~해 보다	食べて みる	買って みる	飲んで みる
~て おく ~해 놓다, ~해 두다	食べて おく	買って おく	飲んで おく
~て いる + 명사 ~하고 있는 + 명사	食べて いる 人	買って いる 人	飲んで いる 人
~て しまう ~해 버리다	食べて しまう	買って しまう	飲んで しまう
~ても いいです ~해도 됩니다	食べても いいです	買っても いいです	飲んでも いいです
~ては いけません ~해서는 안 됩니다	食べては いけません	買っては いけません	飲んでは いけません
~てばかり いる ~하고만 있다	食べてばかり いる	買ってばかり いる	飲んでばかり いる

2. て형 활용

만나다	会^あう → 会って	피우다, 빨다	吸^すう → 吸って
기다리다	待^まつ → 待って	찍다	撮^とる → 撮って
타다	乗^のる → 乗って	만들다	作^{つく}る → 作って
돌아가다(오다)	帰^{かえ}る → 帰って	죽다	死^しぬ → 死んで
쉬다	休^{やす}む → 休んで	마시다	飲^のむ → 飲んで
읽다	読^よむ → 読んで	놀다	遊^{あそ}ぶ → 遊んで
헤엄치다	泳^{およ}ぐ → 泳いで	걷다	歩^{ある}く → 歩いて
이야기하다	話^{はな}す → 話して	가다	行^いく → 行って
먹다	食^たべる → 食べて	가르치다	教^{おし}える → 教えて
보다	見^みる → 見て	자다	寝^ねる → 寝て
일어나다	起^おきる → 起きて	공부하다	勉強^{べんきょう}する → 勉強して
오다	来^くる → 来^きて	운동하다	運動^{うんどう}する → 運動して

3. ~て いる 용법

① 현재 진행

예 手紙を 書いて います。 편지를 쓰고 있습니다.

買い物を して います。 쇼핑하고 있습니다.

② 자연 현상

예 雨が たくさん 降って います。 비가 많이 내리고 있습니다.

風が 強く 吹いて います。 바람이 세게 불고 있습니다.

③ 상태

예 田中さんを 知って いますか。 다나카 씨를 알고 있습니까?

どこに 住んで いますか。 어디에 살고 있습니까?

結婚して いますか。 결혼했습니까?

車を 持って います。 차를 갖고 있습니다.

朝ご飯を 食べましたか。 아침밥을 먹었습니까?

→ はい、食べました。 네, 먹었습니다.

→ いいえ、まだ 食べて いません。(○) 아니요, 아직 안 먹었습니다.

|참고| いいえ、まだ 食べませんでした。(×)

4. 착용

帽子を かぶって います。
모자를 쓰고 있습니다.

眼鏡を かけて います。
안경을 쓰고 있습니다.

ピアスを して います。
귀고리를 하고 있습니다.

ネクタイを
しめて います。
넥타이를 매고 있습니다.

ネックレスを
して います。
목걸이를 하고 있습니다.

ワイシャツを
着て います。
와이셔츠를
입고 있습니다.

ワンピースを
着て います。
원피스를
입고 있습니다.

ベルトを
しめて います。
벨트를 차고 있습니다.

ズボンを はいて います。
바지를 입고 있습니다.

靴を はいて います。
구두를 신고 있습니다.

문법 정리 포인트

4과~5과

1. 동사 정리표

종류	기본형	ます형 ~합니다	て형 ~하고	た형 ~했다	たり형 ~하기도 하고	たら형 ~하면
1그룹 동사 (5단 동사)	買う	買います	買って	買った	買ったり	買ったら
	会う	会います	会って	会った	会ったり	会ったら
	聞く	聞きます	聞いて	聞いた	聞いたり	聞いたら
	行く	行きます	行って	行った	行ったり	行ったら
	泳ぐ	泳ぎます	泳いで	泳いだ	泳いだり	泳いだら
	話す	話します	話して	話した	話したり	話したら
	待つ	待ちます	待って	待った	待ったり	待ったら
	死ぬ	死にます	死んで	死んだ	死んだり	死んだら
	遊ぶ	遊びます	遊んで	遊んだ	遊んだり	遊んだら
	読む	読みます	読んで	読んだ	読んだり	読んだら
	飲む	飲みます	飲んで	飲んだ	飲んだり	飲んだら
	作る	作ります	作って	作った	作ったり	作ったら
	乗る	乗ります	乗って	乗った	乗ったり	乗ったら
	★帰る	帰ります	帰って	帰った	帰ったり	帰ったら
2그룹 동사 (상1단 하1단 동사)	見る	見ます	見て	見た	見たり	見たら
	食べる	食べます	食べて	食べた	食べたり	食べたら
	起きる	起きます	起きて	起きた	起きたり	起きたら
	教える	教えます	教えて	教えた	教えたり	教えたら
3그룹(カ행 변격동사)	来る	来ます	来て	来た	来たり	来たら
3그룹(サ행 변격동사)	する	します	して	した	したり	したら

2. た형 활용 문법

① ～た ことが あります ～한 적이 있습니다

예　中国へ 行った ことが ありますか。 중국에 간 적이 있습니까?

② ～た 方が いいです ～하는 편이 좋습니다

예　朝 早く 起きた 方が いいです。 아침 일찍 일어나는 편이 좋습니다.

③ ～た ばかりです ～한 지 얼마 안 됐습니다

예　韓国へ 来た ばかりです。 한국에 온 지 얼마 안 됐습니다.

3. たり형 활용 문법

① 명사 : ～だったり

예　昼ごはんは ラーメンだったり パンだったり します。

점심은 라면이거나 빵이거나 합니다.

② い형용사 : い + かったり

예　日本語は おもしろかったり 難しかったり します。

일본어는 재밌기도 하고 어렵기도 합니다.

③ な형용사 : だ + だったり

예　田中さんは 親切だったり まじめだったり します。

다나카 씨는 친절하기도 하고 성실하기도 합니다.

④ 동사 : ～たり ～たり する

예　キムさんに 手紙を 書いたり 電話を かけたり します。

김 씨에게 편지를 쓰기도 하고 전화를 걸기도 합니다.

4. ~かも しれません ~(일)지도 모릅니다

① 명사 + かも しれません

> 예　キムさんが 犯人（はんにん）かも しれません。 김 씨가 범인일지도 모릅니다.

② い형용사 + かも しれません

> 예　ちょっと 高（たか）いかも しれません。 조금 비쌀지도 모릅니다.

③ な형용사 だ + かも しれません

> 예　あの レストランの 方（ほう）が もっと きれいかも しれません。
>
> 저 레스토랑 쪽이 더 깨끗할지도 모릅니다.

④ 동사 + かも しれません

> 예　明日（あした）は 雪（ゆき）が 降（ふ）るかも しれません。 내일은 눈이 내릴지도 모릅니다.

犯人はんにん 범인 | レストラン 레스토랑 | 雪ゆき 눈

5. 접속사 총정리

そして	그리고	ところで	그런데 (화제전환)
それで	그래서	それから	그리고, 그러고 나서
だから	그래서, 그러니까	では(= じゃ)	그럼, 그러면
でも	하지만, 그렇지만	それに	게다가

1. 문법 정리

종류	기본형	ます형	て형	가능형	부정형	의지형
1그룹 동사 (5단 동사)	会う	会います	会って	会える	会わない	会おう
	待つ	待ちます	待って	待てる	待たない	待とう
	乗る	乗ります	乗って	乗れる	乗らない	乗ろう
	死ぬ	死にます	死んで	死ねる	死なない	死のう
	飲む	飲みます	飲んで	飲める	飲まない	飲もう
	遊ぶ	遊びます	遊んで	遊べる	遊ばない	遊ぼう
	書く	書きます	書いて	書ける	書かない	書こう
	泳ぐ	泳ぎます	泳いで	泳げる	泳がない	泳ごう
	話す	話します	話して	話せる	話さない	話そう
	作る	作ります	作って	作れる	作らない	作ろう
	読む	読みます	読んで	読める	読まない	飲もう
	帰る	帰ります	帰って	帰れる	帰らない	帰ろう
2그룹 동사 (상1단동사 하1단동사)	見る	見ます	見て	見られる	見ない	見よう
	食べる	食べます	食べて	食べられる	食べない	食べよう
	起きる	起きます	起きて	起きられる	起きない	起きよう
	寝る	寝ます	寝て	寝られる	寝ない	寝よう
	教える	教えます	教えて	教えられる	教えない	教えよう
	覚える	覚えます	覚えて	覚えられる	覚えない	覚えよう
	出る	出ます	出て	出られる	出ない	出よう
3그룹 (カ행 변격동사)	来る	来ます	来て	来られる	来ない	来よう
3그룹 (サ행 변격동사)	する	します	して	できる	しない	しよう

2. 가능형

① ～が + 가능형

예 お<ruby>酒<rt>さけ</rt></ruby>が <ruby>飲<rt>の</rt></ruby>めます。 술을 마실 수 있습니다.

② 동사 기본형 + ことが できる

예 お酒を <ruby>飲<rt>の</rt></ruby>む ことが できます。

3. 부정형(ない형)

① ～ないで ください ～하지 마세요, ~ 하지 말아 주세요

예 <ruby>行<rt>い</rt></ruby>かないで ください。 가지 마세요.

② ～ない <ruby>方<rt>ほう</rt></ruby>が いいです。 ～하지 않는 편이 낫습니다

예 行かない 方が いいです。 가지 않는 편이 낫습니다.

③ ～なければ なりません(いけません)。 ～하지 않으면 안됩니다, ～해야만 합니다.

예 行かなければ なりません(いけません)。 가지 않으면 안 됩니다.

④ ～なくても いいです ～하지 않아도 됩니다

예 行かなくても いいです。 가지 않아도 됩니다.

⑤ ないで ～하지 않고(나열. 열거)

예 行かないで(＝行かずに) 가지 않고

ㄴ. 의지형

① ~(よ)うと 思_{おも}います ~하려고 합니다(의지형)

예 日本_{にほん}へ 行_いこうと 思います。 일본에 가려고 합니다.

② ~(よ)う ~하자 (권유형)

예 日本へ 行こう。 일본에 가자.

5. そうだ

	そうだ(전문)	そうだ(추측 · 양태)
명사(N)	명사(N) + だ + そうだ	×
い형용사	~い + そうだ	~い + そうだ
な형용사	~だ + そうだ	~だ + そうだ
동사(V)	기본체 + そうだ	ます형 + そうだ

문법 정리 포인트

9과~11과

1. 동사의 가정형

종류	기본형	가정형	기본형	가정형	기본형	가정형
1그룹 동사 (5단 동사)	会う	会えば	飲む	飲めば	話す	話せば
	待つ	待てば	遊ぶ	遊べば	作る	作れば
	乗る	乗れば	書く	書けば	読む	読めば
	死ぬ	死ねば	泳ぐ	泳げば	帰る	帰れば
2그룹 동사 (상1단동사 하1단동사)	見る	見れば	起きる	起きれば	教える	教えれば
	食べる	食べれば	寝る	寝れば	覚える	覚えれば
	やめる	やめれば				
3그룹 (カ행 변격동사)	来る	来れば				
3그룹 (サ행 변격동사)	する	すれば				

2. ~ば ~ほど ~하면 ~할수록

① い형용사 : ~い ければ + ~いほど

예 安ければ 安いほど いいです。 싸면 쌀수록 좋습니다.

② な형용사 : ~だ ならば + ~なほど

예 学生は まじめならば まじめなほど いいです。 학생은 성실하면 성실할수록 좋습니다.

③ 동사 : e + ば

예 日本語は 勉強すれば するほど おもしろく なります。

일본어는 공부하면 할수록 재미있어집니다.

3. そうだ・ようだ・らしい 용법

	そうだ (전문)	そうだ (추측·양태)	ようだ	みたいだ (ようだ 회화체)	らしい
명사 (N)	명사(N)だ+ そうだ	×	명사(N)+の+ ようだ	명사(N)+ みたいだ	명사(N)+ らしい
い 형용사	～い ～くない ～かった ～くなかった +そうだ	～い+そうだ	～い ～くない ～かった ～くなかった +ようだ	～い ～くない ～かった ～くなかった +みたいだ	～い ～くない ～かった ～くなかった +らしい
な 형용사	～だ ～じゃない ～だった ～じゃなかった +そうだ	～だ+そうだ	～だ→な ～じゃない ～だった ～じゃなかった +ようだ	～だ ～じゃない ～だった ～じゃなかった +みたいだ	～だ ～じゃない ～だった ～じゃなかった +らしい
동사(V)	기본체 +そうだ	ます형 +そうだ	기본체 +ようだ	기본체 +みたいだ	기본체 +らしい

① そうだ 용법

예 天気予報に よると 明日は 雨が 降るそうです。 일기 예보에 따르면 내일은 비가 온다고 합니다.(전문)

この チーズケーキ、 とても おいしそうですね。 이 치즈 케이크 매우 맛있어 보입니다.(추측, 양태)

② ようだ(＝みたいだ) 용법

예 まるで 夢の ようです。(＝夢みたいです) 마치 꿈 같습니다.(비유)

明日は 雪が 降るようです。(＝降るみたいです) 내일은 비가 올 것 같습니다.(추측)

③ らしい 용법

예 田中さんは 男らしいです。 다나카 씨는 남자답습니다.(~답다)

明日から 寒く なるらしいです。 내일부터 추워질 것 같습니다.(추측)

문법 정리 포인트

1. 문법 정리

	기본형	수동형	사역형	사역수동형	명령형
1그룹 동사 (5단 동사)	買<ruby>う<rt>か</rt></ruby>	買われる	買わせる	買わせられる	買え
	待<ruby>つ<rt>ま</rt></ruby>	待たれる	待たせる	待たせられる	待て
	撮<ruby>る<rt>と</rt></ruby>	撮られる	撮らせる	撮らせられる	撮れ
	死<ruby>ぬ<rt>し</rt></ruby>	死なれる	死なせる	死なせられる	死ね
	読<ruby>む<rt>よ</rt></ruby>	読まれる	読ませる	読ませられる	読め
	遊<ruby>ぶ<rt>あそ</rt></ruby>	遊ばれる	遊ばせる	遊ばせられる	遊べ
	聞<ruby>く<rt>き</rt></ruby>	聞かれる	聞かせる	聞かせられる	聞け
	泳<ruby>ぐ<rt>およ</rt></ruby>	泳がれる	泳がせる	泳がせられる	泳げ
	話<ruby>す<rt>はな</rt></ruby>	話される	話させる	話させられる	話せ
	送<ruby>る<rt>おく</rt></ruby>	送られる	送らせる	送らせられる	送れ
	歩<ruby>く<rt>ある</rt></ruby>	歩かれる	歩かせる	歩かせられる	歩け
	帰<ruby>る<rt>かえ</rt></ruby>	帰られる	帰らせる	帰らせられる	帰れ
2그룹 동사 (상1단동사 하1단동사)	見<ruby>る<rt>み</rt></ruby>	見られる	見させる	見させられる	見ろ
	食<ruby>べる<rt>た</rt></ruby>	食べられる	食べさせる	食べさせられる	食べろ
	起<ruby>きる<rt>お</rt></ruby>	起きられる	起きさせる	起きさせられる	起きろ
	寝<ruby>る<rt>ね</rt></ruby>	寝られる	寝させる	寝させられる	寝ろ
	教<ruby>える<rt>おし</rt></ruby>	教えられる	教えさせる	教えさせられる	教えろ
	覚<ruby>える<rt>おぼ</rt></ruby>	覚えられる	覚えさせる	覚えさせられる	覚えろ
	やめる	やめられる	やめさせる	やめさせられる	やめろ
3그룹 동사 (カ행 변격동사)	来<ruby>る<rt>く</rt></ruby>	来<ruby>られる<rt>こ</rt></ruby>	来<ruby>させる<rt>こ</rt></ruby>	来<ruby>させられる<rt>こ</rt></ruby>	来<ruby>い<rt>こ</rt></ruby>
3그룹 동사 (サ행 변격동사)	する	される	させる	させられる	しろ

2. 문법 정리 2

① 수동(受身)

예　先生に ほめられました。 선생님께 칭찬받았습니다.

この 本は 全部 日本語で 書かれて います。 이 책은 전부 일본어로 쓰여 있습니다.

誰かに かばんを 盗まれました。 누군가에게 가방을 도둑맞았습니다.

② 피해수동(迷惑の 受身)

예　雨に 降られて 服が 濡れました。 비를 맞아서 옷이 젖었습니다.

友達に 来られて 勉強が ぜんぜん できませんでした。 친구가 와서 공부를 전혀 못했습니다.

③ 사역(使役)

예　先生は 学生に 本を 読ませました。 선생님은 학생에게 책을 읽게 했습니다.

私は 妹に 漢字の 練習を させました。 저는 여동생에게 한자 연습을 시켰습니다.

母は 私に 部屋の 掃除を させました。 엄마는 저에게 방 청소를 시켰습니다.

④ 사역수동(使役受身)

예　会社の 前で 1時間も 待たせられました。 회사 앞에서 한 시간이나 기다렸습니다.

お腹が いっぱいなのに 食べさせられました。 배가 부른데도 어쩔 수 없이 먹었습니다.

妹に 4万円の かばんを 買わせられました。
여동생에게 4만엔 짜리 가방을 어쩔 수 없이 사 주었습니다.

忘年会で 先輩に お酒を 飲ませられました。 망년회에서 선배가 술을 마시게 했습니다.

⑤ ～ことに する

예　明日から ダイエットする ことに します。 내일부터 다이어트를 합니다.

⑥ ～ことに なる

예　キムさんは 来年の 2月に 日本へ 行く ことに なりました。
김 씨는 내년 2월에 일본에 가게 되었습니다.

문법 정리 포인트

14과~15과

1. 존경어·겸양어

기본형	존경어	겸양어
いる		おる 있다
行く	いらっしゃる 계시다, 가시다, 오시다	参る 가다, 오다
来る		
飲む	召し上がる 드시다	いただく 마시다, 먹다
食べる		
知る	ご存じだ 아시다	存じる 알다
見る	ご覧になる 보시다	拝見する 보다
する	なさる 하시다	いたす 하다
言う	おっしゃる 말씀하시다	申す・申し上げる 말씀드리다
会う	お会いになる 만나시다	お目にかかる 뵙다
聞く	お聞きになる 물으시다	伺う 여쭙다
訪ねる		伺う 찾아뵙다
くれる	くださる 주시다	
あげる		さしあげる 드리다
ある		ござる 있다

2. 존경어 공식

お+ます형 ┐ に なる ～하시다
お(ご)+한자어 ┘ ください ～해 주십시오

お読みに なる 읽으시다

お書きに なる 쓰시다

少々 お待ちください。 잠시만 기다려 주십시오.

3. 겸양어 공식

お+ます형 ┐ する ～하다
お(ご)+한자어 ┘ いたす ～해 드리다

お願いいたします。 부탁드립니다.

お持ちいたします。 들어 드리겠습니다.

ご案内いたします。 안내해 드리겠습니다.

회화 표현 총정리

(1)

A: 日本へ 行った ことが ありますか。

일본에 간 적이 있습니까?

B: はい、一度 あります。 네, 한 번 있습니다.

いいえ、一度も ありません。

아니요, 한 번도 없습니다.

(2)

A:「ラブ」と いう 映画を 見た ことが

ありますか。

'러브'라고 하는 영화를 본 적이 있습니까?

B: はい、あります。

とても おもしろかったです。

네, 있습니다. 매우 재미있었습니다.

(3)

A: どうしたら いいですか。

어떻게 하면 됩니까?

B: ゆっくり 休んだ 方が いいです。

푹 쉬는 편이 좋습니다.

(4)

A: 暇な 時は 何を しますか。

한가할 때는 무엇을 합니까?

B: 運動を したり 友達に 会ったり します。

운동을 하거나 친구를 만나거나 합니다.

(5)

A: 英語が できますか。

영어를 할 수 있습니까?

B: はい、すこし できます。

네, 조금 할 수 있습니다.

(6)

A: 辛い 料理が 食べられますか。

매운 요리를 먹을 수 있습니까?

B: はい、食べられます。大好きです。

네, 먹을 수 있습니다. 아주 좋아합니다.

(7)

A: 明日は 何を しなければ なりませんか。

내일은 무엇을 하지 않으면 안 됩니까?

B: 明日は 出勤しなければ なりません。

내일은 출근해야 합니다.

(8)

A: 愛してない 人と 結婚できると 思いますか。

사랑하지 않는 사람과 결혼할 수 있다고 생각합니까?

B: いいえ、できないと 思います。

아뇨, 할 수 없다고 생각합니다.

(9)

A: 今日の 天気は どうでしょうか。

오늘 날씨는 어떨까요?

B: 天気予報に よると 雨が 降るそうです。

일기 예보에 따르면 비가 온다고 합니다.

(10)

A: 会社が 終わってから 何を する つもり

ですか。

회사가 끝나고 나서 무엇을 할 생각입니까?

B: 友達と 一緒に 食事を しようと 思います。

친구와 함께 식사를 할 생각입니다.

(11)

A: どうして 日本語を 習って いるんですか。

왜 일본어를 배웁니까?

B: 日本に 留学したいからです。

일본에 유학 가고 싶기 때문입니다.

(12)

A: 大学を 卒業してから 何を しますか。

대학을 졸업하고 나서 무엇을 합니까?

B: 日本へ 行って 写真の 勉強を しようと 思います。

일본에 가서 사진 공부를 할 생각입니다.

(13)

A: ここから どうやって 行けば いいですか。

여기에서 어떻게 가면 됩니까?

B: この 道を まっすぐ 行って ください。 銀行の すぐ前ですよ。

이 길을 곧장 가세요. 은행 바로 앞이에요.

(14)

A: スーパーは どこに ありますか。

슈퍼는 어디에 있습니까?

B: あの 本屋を すぎて すぐ 右に 曲がって ください。 もし わからなかったら 電話して ください。

저 책방을 지나서 바로 오른쪽으로 도세요. 만약 모르겠으면 전화해 주세요.

(15)

A: 傘を 貸して くれませんか。

우산을 빌려주지 않겠습니까?

B: はい、どうぞ。

네, 여기요.

(16)

A: あなたの 夢は 何ですか。

당신의 꿈은 무엇입니까?

B: 医者に なる ことです。

의사가 되는 것입니다.

(17)

A: 専門は 何ですか。

전공이 무엇입니까?

B: コンピューターです。

컴퓨터입니다.

(18)

A: 初恋は いつでしたか。

첫사랑은 언제였습니까?

B: 高校 3年生の 時でした。

고등학교 3학년 때였습니다.

(19)

A: 最近 どんな スタイルが はやって いますか。

최근 어떤 스타일이 유행하고 있습니까?

B: ミニスカートが はやって います。

미니스커트가 유행하고 있습니다.

(20)

A: 学校で 日本語を どう 教えて いますか。

학교에서 일본어를 어떻게 가르치고 있습니까?

B: 毎日 漢字の テストを 行います。

매일 한자 테스트를 실시합니다.

(21)

A: おこづかいは 一ヶ月 いくらぐらいですか。

용돈은 한 달에 얼마 정도입니까?

B: 一ヶ月 約 30万ウォンぐらいです。

한 달에 약 30만 원 정도입니다.

(22)

A: 片想いを した ことが ありますか。

짝사랑을 한 적이 있습니까?

B: いいえ、一度も ありません。

아니요, 한 번도 없습니다.

(23)

A: すみません。ポテトと コーラを ください。

저기요, 포테이토와 콜라를 주세요.

B₁ はい、お持ち帰りですか。

네, 포장이신가요?

B₂ ここで お召し上がりですか。

여기서 드시나요?

(24)

A: お会計は どう なさいますか。

계산은 어떻게 하시겠습니까?

B: カードで お願いします。

카드로 부탁합니다.

초보자가 자주 틀리는 일본어

1과~2과

1 今 何を して いますか。(O)

今 何を しって いますか。(X)

2 すしを 食べて います。(O)

すしを 食べって います。(X)

3 手紙を 書いて います。(O)

手紙を 書って います。(X)

4 映画を 見て います。(O)

映画を 見って います。(X)

5 家へ 帰って テレビを 見ました。(O)

家へ 帰て テレビを 見ました。(X)

6 友達と いっしょに (O)

友達と いっしょうに (X)

7 コーヒーを 飲んで います。(O)

コーヒーを 飲んて います。(X)

8 キムさんは 結婚して いますか。(O)

キムさんは 結婚しましたか。(X)

9 お風呂に 入る (O)

お風呂を 入る (X)

10 スカートを はいて います。(O)

スカートを 着て います。(X)

3과

1 弟は 日本へ 行きたがって います。(O)

弟は 日本へ 行きたいです。(X)

2 何が ほしいですか。(O)

何を ほしいですか。(X)

3 一日中 - いちにちじゅう (O)

一日中 - いちにちちゅう (X)

4 日本の ドラマが 好きなので 勉強して います。(O)

日本の ドラマが 好きので 勉強して います。(X)

5 写真を 撮っても いいですか。(O)

写真を 撮っても なりますか。(X)

4과

1 私が 日本へ 行った 時 撮った 写真です。(O)

私が 日本へ 行く 時 撮った 写真です。(X)

2 韓国へ 来た ばかりです。(O)

韓国へ 来て ばかりです。(X)

5과

1 暇な 時は 何を しますか。(O)

暇の 時は 何を しますか。(X)

2 高かったり 安かったり します。(O)

高いかったり 安いかったり します。(X)

3 便利だったり 不便だったり します。(O)

便利かったり 不便かったり します。(X)

4 元気かも しれません。(○)

元気だかも しれません。(×)

5 行ったり 来たり します。(○)

来たり 行ったり します。(×)

1 お酒は 飲めますか。(○)

お酒が 飲めますか。(○)

お酒を 飲めますか。(×)

2 日本語は できますか。(○)

日本語が できますか。(○)

日本語を できますか。(×)

3 山田さんに 会えますか。(○)

山田さんが 会えますか。(×)

4 友達の 卒業式なので 行けません。(○)

友達の 卒業式ので 行けません。(×)

1 たばこを 吸わないで ください。(○)

たばこを 吸あないで ください。(×)

2 彼氏は いない。(○)

彼氏は ない。(×)

3 明日は 5時までに 来なければ なりません。(○)

明日は 5時まで 来なければ なりません。(×)

4 朝ごはんを 食べないで 会社へ 行きました。(○)

朝ごはんを 食べなくて 会社へ 行きました。(×)

5 ニュースに よると 明日は 雨が 降るそうです。(○)

ニュースに よると 明日は 雨が 降りそうです。(×)

6 一生懸命 勉強しよう。(○)

一生懸命 勉強しょう。(×)

1 まるで 夢の ようです。(○)

まるで 夢ようです。(×)

2 まるで 花みたいです。(○)

まるで 花のみたいです。(×)

3 女らしくて かわいいです。(○)

女らしいくて かわいいです。(×)

4 あの 部屋は 静かなようです。(○)

あの 部屋は 静かようです。(×)

1 日本語は 勉強すれば するほど おもしろいです。(○)

日本語は 勉強しれば するほど おもしろいです。(×)

2 交通は 便利ならば 便利なほど いいです。(○)

交通は 便利ならば 便利ほど いいです。(×)

3 まっすぐ 行くと 交差点に 出ます。(〇)

まっすぐ 行くと 交差点が 出ます。(×)

4 この 道を まっすぐ 行くと デパートが

見えます。(〇)

この 道を まっすぐ 行くと デパートが

見ます。(×)

11과

1 友達は 私に 本を くれました。(〇)

友達は 私に 本を あげました。(×)

2 先生に 辞書を さしあげました。(〇)

先生に 辞書を あげました。(×)

3 山田先生に 日本語を 教えて いただき

ました。(〇)

山田先生に 日本語を 教えて ください

ました。(×)

4 母に 時計を 買って もらいました。(〇)

母に 時計を 買って いただきました。(×)

12과

1 雨に 降られて 服が 濡れて しまいまし

た。(〇)

雨が 降られて 服が 濡れて しまいまし

た。(×)

2 友達に 飲み会に 誘われました。(〇)

友達が 飲み会を 誘われました。(×)

3 人に 笑われました。(〇)

人に 笑あれました。(×)

13과

1 私に 行かせて ください。(〇)

私が 行かせて ください。(×)

14~15과

1 お読みに なります。(〇)

お読みなります。(×)

2 先生が ペンを くださいました。(〇)

先生が ペンを くださりました。(×)

3 あとで お電話いたします。(〇)

あとで ご電話いたします。(×)

4 A: 社長 いらっしゃいますか。

B: いいえ、おりません。(〇)

A: 社長 いらっしゃいますか。

B: いいえ、いらっしゃいません。(×)

5 私が お持ち します。(〇)

私が お持ちに します。(×)

어휘 총정리

1과

- ☐ 朝早(あさはや)く 아침 일찍
- ☐ 洗(あら)う 씻다
- ☐ 一番(いちばん) 1번, 제일
- ☐ 歌(うた)を 歌(うた)う 노래를 부르다
- ☐ 映画館(えいがかん) 영화관
- ☐ MP3(エムピースリー)を 聞(き)く MP3를 듣다
- ☐ 演劇(えんげき) 연극
- ☐ 踊(おど)る 춤추다
- ☐ 泳(およ)ぐ 헤엄치다
- ☐ 顔(かお)を 洗(あら)う 세수를 하다
- ☐ かける 걸다
- ☐ 聞(き)く 듣다, 묻다
- ☐ ギターを 弾(ひ)く 기타를 치다
- ☐ 仕事(しごと)が 終(お)わる 일이 끝나다
- ☐ 死(し)ぬ 죽다
- ☐ 順番(じゅんばん) 순번
- ☐ 親切(しんせつ)だ 친절하다
- ☐ 吸(す)う 피우다, 빨다
- ☐ それから 그리고, 그러고 나서
- ☐ 作(つく)る 만들다
- ☐ 出(で)る 나가다
- ☐ 電気(でんき)を つける 불을 켜다
- ☐ 電話番号(でんわばんごう) 전화번호
- ☐ ドア 문
- ☐ 友達(ともだち)に 会(あ)う 친구를 만나다
- ☐ 撮(と)る 찍다
- ☐ ～に ～에게
- ☐ 働(はたら)く 일하다
- ☐ 晴(は)れ 맑음
- ☐ パン 빵
- ☐ 番組(ばんぐみ) TV 프로그램

- ☐ 番号(ばんごう) 번호
- ☐ 本(ほん)を 読(よ)む 책을 읽다
- ☐ メール 메일
- ☐ 休(やす)む 쉬다
- ☐ やっぱり 역시
- ☐ 呼(よ)ぶ 부르다
- ☐ 留学(りゅうがく) 유학

2과

- ☐ 青(あお)い 파랗다
- ☐ 赤(あか)い 빨갛다
- ☐ 雨(あめ)が 降(ふ)る 비가 내리다
- ☐ 行(い)きましょう 갑시다
- ☐ 夫(おっと) 남편
- ☐ 傘(かさ) 우산
- ☐ 風(かぜ)が 吹(ふ)く 바람이 불다
- ☐ かっこう 옷차림, 모습
- ☐ 去年(きょねん) 작년
- ☐ 靴(くつ)を はく 구두를 신다
- ☐ 結婚(けっこん) 결혼
- ☐ 自営業(じえいぎょう) 자영업
- ☐ 自己(じこ) 자기
- ☐ 自分(じぶん) 자신
- ☐ 自慢(じまん) 자랑
- ☐ 小説(しょうせつ) 소설
- ☐ スーツを 着(き)る 양복을 입다
- ☐ スカート 스커트
- ☐ ズボン 바지
- ☐ ズボンを はく 바지를 입다
- ☐ セーター 스웨터
- ☐ 近(ちか)く 근처

- [ ] 妻(つま) 처, 아내
- [ ] 出逢(であ)う 만나다
- [ ] 東京(とうきょう) 도쿄
- [ ] ～に 住(す)む ～에 살다
- [ ] ネクタイ 넥타이
- [ ] ネクタイを しめる 넥타이를 매다
- [ ] ピアスを する 귀고리를 하다
- [ ] 独(ひと)り暮(ぐ)らし 혼자 삶, 독신 생활
- [ ] 一人(ひとり)で 혼자서
- [ ] ブラウス 블라우스
- [ ] ブラウスを 着(き)る 블라우스를 입다
- [ ] ベルト 벨트
- [ ] 帽子(ぼうし)を かぶる 모자를 쓰다
- [ ] ホテル 호텔
- [ ] 眼鏡(めがね)を かける 안경을 쓰다
- [ ] 持(も)つ 갖다, 들다
- [ ] 予約(よやく) 예약
- [ ] ワンピース 원피스

3과

- [ ] 以下(いか) 이하
- [ ] 以外(いがい) 이외
- [ ] 以上(いじょう) 이상
- [ ] 忙(いそが)しい 바쁘다
- [ ] 一日中(いちにちじゅう) 하루 종일
- [ ] 以内(いない) 이내
- [ ] うらやましい 부럽다
- [ ] お風呂(ふろ)に 入(はい)る 목욕하다
- [ ] 頑張(がんば)る 노력하다, 열심히 하다
- [ ] 気(き)に 入(い)る 마음에 들다
- [ ] 子供(こども) 아이

- [ ] こわい 무섭다
- [ ] 探(さが)す 찾다
- [ ] 時間(じかん) 시간
- [ ] スポーツクラブ 스포츠 클럽
- [ ] 座(すわ)る 앉다
- [ ] 全部(ぜんぶ) 전부
- [ ] ～たがる ～하고 싶어하다
- [ ] つれる 동반하다, 데리고 가다
- [ ] できません 못 합니다, 할 수 없습니다
- [ ] ～と 思(おも)います ～라고 생각합니다
- [ ] 所(ところ) 곳
- [ ] 止(と)める 세우다
- [ ] なかなか 좀처럼
- [ ] 泣(な)く 울다
- [ ] ～に 通(かよ)う ～에 다니다
- [ ] ビール 맥주
- [ ] ひらがなで 히라가나로
- [ ] 不動産屋(ふどうさんや) 부동산
- [ ] もちろん 물론
- [ ] やせる 야위다, 살 빠지다
- [ ] 忘(わす)れる 잊다, 잊어버리다

4과

- [ ] アメリカ 미국
- [ ] 一度(いちど)も 한 번도
- [ ] 一日(いちにち) 하루
- [ ] 家(うち)を 出(で)る 집을 나오다
- [ ] 会議(かいぎ) 회의
- [ ] 韓国(かんこく) 한국
- [ ] 空港(くうこう) 공항
- [ ] くもり 흐림

어휘 총정리

☐ 芸能人(げいのうじん) 연예인

☐ 現実(げんじつ) 현실

☐ 現代(げんだい) 현대

☐ ご飯(はん) 밥

☐ 静(しず)かだ 조용하다

☐ 実現(じつげん) 실현

☐ 書類(しょるい) 서류

☐ 知(し)りませんでした 몰랐습니다

☐ タクシー 택시

☐ ～た 時(とき)～했을 때

☐ ～た ばかりだ 갓 ～하다, 막 ～하다

☐ 着(つ)く 도착하다

☐ ～て おく ～해 두다

☐ 手紙(てがみ) 편지

☐ どうしたら いいですか 어떻게 하면 되겠습니까?

☐ 同僚(どうりょう) 동료

☐ 時々(ときどき) 때때로

☐ ところで 그런데

☐ ドラマ 드라마

☐ ～に ついて ～에 대해서

☐ ～に 着(つ)く ～에 도착하다

☐ ～に 乗(の)る ～을(를) 타다

☐ 始(はじ)める 시작하다

☐ バス 버스

☐ 飛行機(ひこうき)に 乗(の)る 비행기를 타다

☐ 美術館(びじゅつかん) 미술관

☐ 病院(びょういん) 병원

☐ 表現(ひょうげん) 표현

☐ 昼(ひる)ご飯(はん) 점심밥

☐ プロジェクト 프로젝트

☐ ゆっくり 休(やす)む 푹 쉬다

☐ 立派(りっぱ)だ 훌륭하다

5과

☐ 一度(いちど) 한 번

☐ ～かも しれません ～일지도 모릅니다

☐ 感動(かんどう) 감동

☐ 感動的(かんどうてき) 감동적

☐ 曇(くも)る 흐리다

☐ 香水(こうすい) 향수

☐ 行動(こうどう) 행동

☐ 心(こころ) 마음

☐ 知(し)る 알다

☐ すぐ 곧, 금방

☐ ぜひ 꼭

☐ ～た ことが ある ～한 적이 있다

☐ ～た 方(ほう)が いい ～하는 편이 낫다

☐ 楽(たの)しい 즐겁다

☐ 朝食(ちょうしょく) 조식, 아침밥

☐ つまらない 재미없다, 시시하다

☐ ～と いう ～라는, ～라고 하는

☐ 時(とき) 때

☐ 晴(は)れる 맑다, 개다

☐ 反動(はんどう) 반동

☐ 久(ひさ)しぶりに 오랜만에

☐ 暇(ひま)だ 한가하다

☐ 不便(ふべん)だ 불편하다

☐ やって みる 해 보다

☐ やる 하다

☐ ラブ 러브

☐ 笑(わら)う 웃다

266

- [ ] 愛(あい) 사랑
- [ ] 朝(あさ) 아침
- [ ] 甘(あま)い 달다, 독하지 않다
- [ ] いつ 언제
- [ ] 運転(うんてん)を する 운전을 하다
- [ ] 映画(えいが) 영화
- [ ] お酒(さけ) 술
- [ ] 泳ぐ(およ)ぐ 수영하다
- [ ] カタカナ 가타카나
- [ ] 学校(がっこう) 학교
- [ ] 漢字(かんじ) 한자
- [ ] 金曜日(きんようび) 금요일
- [ ] 今度(こんど) 이번, 다음
- [ ] コンビニ 편의점
- [ ] 三番(さんばん)出口(でぐち) 3번 출구
- [ ] 出張(しゅっちょう) 출장
- [ ] ジュース 주스
- [ ] スキーを する 스키를 타다
- [ ] 好(すき)だ 좋아하다
- [ ] スポーツ 스포츠
- [ ] 卒業式(そつぎょうしき) 졸업식
- [ ] 大丈夫(だいじょうぶ)だ 괜찮다
- [ ] 中国語(ちゅうごくご)で 話(はな)す 중국어로 이야기하다
- [ ] 使(つか)う 사용하다
- [ ] できる 할 수 있다
- [ ] デパート 백화점
- [ ] 土曜日(どようび) 토요일
- [ ] どんな 어떤
- [ ] ~なら ~라면
- [ ] ~に ~する ~로 하다
- [ ] ~についての+【명사】 ~에 대한+[명사]

- [ ] 飲(の)む 마시다
- [ ] 場所(ばしょ) 장소
- [ ] ２０歳(はたち) 20세
- [ ] 話(はなし) 이야기
- [ ] 早(はや)く 일찍
- [ ] パンフレット 팸플릿
- [ ] ピアノを 弾(ひ)く 피아노를 치다
- [ ] プール 수영장
- [ ] ~ましょう ~합시다
- [ ] 未満(みまん) 미만
- [ ] メニュー 메뉴
- [ ] 来週(らいしゅう) 다음 주

- [ ] 急(いそ)ぐ 서두르다
- [ ] 一生懸命(いっしょうけんめい) 열심히
- [ ] 家(うち) (우리) 집
- [ ] え 의아해서 물을 때의 감탄사
- [ ] お金(かね) 돈
- [ ] 遅(おく)れる 늦다
- [ ] おめでとうございます 축하합니다
- [ ] 買(かい)物(もの)に 行(い)く 쇼핑을 하러 가다
- [ ] ガムを かむ 껌을 씹다
- [ ] 着(き)る 입다
- [ ] 車(くるま)を 止(と)める 차를 세우다
- [ ] 午後(ごご) 오후
- [ ] 交通(こうつう) 교통
- [ ] 触(さわ)る 손대다, 만지다
- [ ] 試験(しけん)を 受(う)ける 시험을 보다(치르다)
- [ ] 仕事(しごと)を やめる 일을 그만두다
- [ ] 写真(しゃしん)を 撮(と)る 사진을 찍다
- [ ] 就職(しゅうしょく) 취직

어휘 총정리

☐ 授業(じゅぎょう)を 受(う)ける 수업을 듣다
☐ 授業中(じゅぎょうちゅう) 수업 중
☐ 出勤(しゅっきん) 출근
☐ 制服(せいふく) 제복
☐ 掃除(そうじ) 청소
☐ 大変(たいへん)だ 큰일이다
☐ たばこを 吸(す)う 담배를 피우다
☐ 誕生日(たんじょうび) 생일
☐ 着(つ)く 도착하다
☐ テスト 시험, 테스트
☐ でも 하지만, 그렇지만
☐ 電車(でんしゃ)に 乗(の)る 전철을 타다
☐ 時(とき) 때
☐ 時々(ときどき) 때때로, 종종
☐ 隣(となり) 옆
☐ ～ので ～이기 때문에
☐ バイト 아르바이트(アルバイト의 줄임말)
☐ 始(はじ)まる 시작되다
☐ 早(はや)い 이르다, 빠르다
☐ はらう 지불하다
☐ ビール 맥주
☐ 暇(ひま)だ 한가하다
☐ 病院(びょういん) 병원
☐ 便利(べんり)だ 편리하다
☐ 毎朝(まいあさ) 매일 아침
☐ ～までに ～까지
☐ 物(もの) 물건, 것
☐ 約1時間(やくいちじかん) 약 1시간
☐ 休(やす)み 휴일
☐ わかる 알다, 이해하다

8과

☐ 遊(あそ)びに 行(い)く 놀러가다

☐ 頭(あたま) 머리
☐ 危(あぶ)ない 위험하다
☐ 今(いま)にも 지금이라도, 당장이라도
☐ お母(かあ)さん 어머니
☐ 教(おし)える 가르치다
☐ 落(お)ちる 떨어지다
☐ 覚(おぼ)える 외우다
☐ 終(お)わる 끝나다, 마치다
☐ かびん 꽃병
☐ ～から ～이기 때문에
☐ 彼氏(かれし) 남자 친구, 그이
☐ 行(い)けない 갈 수 없다
☐ 汽車(きしゃ) 기차
☐ 9月(くがつ) 9월
☐ クッキー 쿠키
☐ 結婚式(けっこんしき) 결혼식
☐ 結婚(けっこん)したい 결혼하고 싶다
☐ ～ことに する ～하기로 하다
☐ 混(こ)む 막히다, 붐비다
☐ 残業(ざんぎょう) 잔업, 야근
☐ 新婚旅行(しんこんりょこう) 신혼여행
☐ しかし 그러나
☐ 週末(しゅうまつ) 주말
☐ 出発(しゅっぱつ) 출발
☐ 上手(じょうず)だ 잘하다
☐ 招待状(しょうたいじょう) 초대장
☐ 心配(しんぱい) 걱정, 염려
☐ ～ずつ ～씩
☐ ずっと 쭉, 훨씬
☐ 性格(せいかく) 성격
☐ それで 그래서
☐ 単語(たんご) 단어
☐ チーズケーキ 치즈케이크

- ☐ 済州島(チェジュド) 제주도
- ☐ 地下鉄(ちかてつ)に 乗(の)る 지하철을 타다
- ☐ ちょっと 좀, 약간
- ☐ つい 무심코, 얼떨결에
- ☐ 天気予報(てんきよほう) 일기예보
- ☐ ～と 思(おも)います ～하려고 합니다
- ☐ 道路(どうろ) 도로
- ☐ ～に よると ～에 의하면, ～에 따르면
- ☐ ニュース 뉴스
- ☐ フィアンセ 애인(fiance), 결혼할 사람
- ☐ 物価(ぶっか) 물가
- ☐ 毎日(まいにち) 매일
- ☐ 店(みせ) 가게
- ☐ 優(やさ)しい 자상하다, 상냥하다
- ☐ 山(やま)に 登(のぼ)る 산에 오르다
- ☐ ヨーロッパ 유럽
- ☐ 予定(よてい) 예정
- ☐ 予定(よてい)どおり 예정대로
- ☐ 来年(らいねん) 내년
- ☐ 私(わたし)たち 우리들

9과

- ☐ 後(あと) 후, 나중
- ☐ 痛(いた)い 아프다
- ☐ 妹(いもうと) 여동생
- ☐ えらい 훌륭하다
- ☐ 弟(おとうと) 남동생
- ☐ 男(おとこ)の 子(こ)たち 남자아이들
- ☐ 男(おとこ)らしい 남자답다
- ☐ 同(おな)い 年(どし) 동갑
- ☐ お姉(ねえ)さん 언니
- ☐ 女(おんな)らしい 여성스럽다

- ☐ 風邪(かぜ)を 引(ひ)く 감기에 걸리다
- ☐ 方(かた) 분
- ☐ かっこう 옷차림
- ☐ かなり 꽤, 제법
- ☐ 彼女(かのじょ) 여자 친구
- ☐ 気(き)が ある 마음이 있다
- ☐ 行動(こうどう) 행동
- ☐ 魚(さかな) 생선
- ☐ 寒(さむ)く なる 추워지다
- ☐ 事故(じこ)が ある 사고가 나다
- ☐ 静(しず)かだ 조용하다
- ☐ 手術(しゅじゅつ) 수술
- ☐ それに 게다가
- ☐ タイプ 타입
- ☐ たいへん 매우
- ☐ だから 그래서
- ☐ ～たり ～たり する ～하기도 ～하기도 하다
- ☐ ～ちゃん ～さん 보다 친근한 호칭
- ☐ 調子(ちょうし)が 悪(わる)い 컨디션이 나쁘다
- ☐ 続(つづ)ける 계속하다, 지속하다
- ☐ 天使(てんし) 천사
- ☐ どうも 아무래도
- ☐ ～とか ～라든가
- ☐ ナイチンゲールのような 人(ひと) 나이팅게일 같은 사람
- ☐ ～ながら ～하면서
- ☐ ～なので ～이기 때문에
- ☐ ～に なりたい ～이 되고 싶다
- ☐ にぎやかだ 번화하다, 활기차다
- ☐ 人気(にんき) 인기
- ☐ 話(はなし)方(かた) 말투, 말하는 법
- ☐ ピクニック 피크닉, 소풍
- ☐ ～方(ほう) ～쪽, ～편
- ☐ ボランティア 봉사 활동, 자원봉사

어휘 총정리

- ☐ 本物(ほんもの) 진품, 진짜
- ☐ 祭(まつ)り 축제
- ☐ まるで 마치
- ☐ 論文(ろんぶん) 논문
- ☐ 夢(ゆめ) 꿈

10과

- ☐ 頭(あたま)が 痛(いた)い 머리가 아프다
- ☐ 歩(ある)く 걷다
- ☐ いくら 〜ても 아무리 〜해도
- ☐ 替(か)える 바꾸다
- ☐ 金持(かねもち) 부자
- ☐ 悲(かな)しい 슬프다
- ☐ 聞(き)いて みる 물어보다
- ☐ きっぷ 표
- ☐ 嫌(きら)いだ 싫다
- ☐ 薬(くすり)を 飲(の)む 약을 먹다
- ☐ 交差点(こうさてん)に 出(で)る 사거리가 나오다
- ☐ 交番(こうばん) 파출소
- ☐ コンサート 콘서트
- ☐ 歳(さい) 〜세
- ☐ 〜しか 〜밖에
- ☐ 時間(じかん) 시간
- ☐ 小説(しょうせつ) 소설
- ☐ 親切(しんせつ)だ 친절하다
- ☐ スーパー 슈퍼마켓
- ☐ 過(す)ぎる 지나치다
- ☐ すぐ 前(まえ) 바로 앞
- ☐ 少(すこ)し 조금, 약간
- ☐ 少(すこ)し 歩(ある)く 조금 걷다
- ☐ すてきだ 멋지다
- ☐ 住(す)む 살다

- ☐ 製品(せいひん) 제품
- ☐ 大学時代(だいがくじだい) 대학 시절
- ☐ 足(た)す 더하다
- ☐ 近(ちか)く 근처
- ☐ デザイン 디자인
- ☐ どうやって 어떻게, 어떻게 해서
- ☐ 〜なら 〜라면
- ☐ 〜なんか 〜같은 거, 〜따위
- ☐ 値段(ねだん) 가격, 값
- ☐ 左側(ひだりがわ) 왼쪽
- ☐ 左(ひだり)に 曲(ま)がる 왼쪽으로 돌다
- ☐ 不便(ふべん)だ 불편하다
- ☐ 冬(ふゆ) 겨울
- ☐ ベッド 침대
- ☐ ボタンを 押(お)す 버튼을 누르다
- ☐ 〜ほど 〜할수록, 〜정도
- ☐ 本当(ほんとう)に 정말로
- ☐ まず 우선, 먼저
- ☐ まっすぐ 똑바로
- ☐ まっすぐ 行(い)くと 곧장 가면
- ☐ マンション 맨션
- ☐ 見(み)える 보이다
- ☐ 右(みぎ) 오른쪽
- ☐ 右側(みぎがわ) 오른쪽
- ☐ 右(みぎ)に 曲(ま)がる 오른쪽으로 돌다
- ☐ 道(みち) 길
- ☐ もし 만약, 혹시
- ☐ モデル 모델
- ☐ 郵便局(ゆうびんきょく) 우체국
- ☐ 楽(らく)だ 편안하다
- ☐ 連絡(れんらく) 연락
- ☐ 若(わか)く 見(み)える 젊어 보이다, 어려 보이다
- ☐ 悪(わる)い 나쁘다

11과

- [ ] 開(あ)く 열리다(자동사)
- [ ] 開(あ)ける 열다(타동사)
- [ ] 意味(いみ) 의미, 뜻
- [ ] 入(い)れる 넣다(타동사)
- [ ] オイル 오일, 기름
- [ ] お菓子(かし) 과자
- [ ] 恩返(おんがえ)しを する 은혜를 갚음, 보은을 함
- [ ] 返(かえ)す 반납하다(돌려주다)
- [ ] かかる 걸리다
- [ ] 書(か)くもの 쓸 것
- [ ] 貸(か)す 빌려주다
- [ ] 教室(きょうしつ) 교실
- [ ] 教務課(きょうむか) 교무과
- [ ] ~君(くん) ~군
- [ ] 現住所(げんじゅうしょ) 현 주소
- [ ] 快(こころよ)い 기분 좋다, 상쾌하다
- [ ] コップ 컵
- [ ] 困(こま)る 곤란하다
- [ ] 財布(さいふ) 지갑
- [ ] 皿洗(さらあらい) 설거지
- [ ] 辞書(じしょ) 사전
- [ ] 閉(し)まる 닫히다
- [ ] 写真(しゃしん) 사진
- [ ] 社長(しゃちょう) 사장
- [ ] 準備(じゅんび) 준비
- [ ] 書類(しょるい) 서류
- [ ] スカート 치마, 스커트
- [ ] 住(す)む 살다
- [ ] 説明(せつめい) 설명
- [ ] 先輩(せんぱい) 선배

- [ ] 助(たす)かる 도움이 되다
- [ ] 頼(たよ)りに なる 의지가 되다
- [ ] チケット 티켓
- [ ] つく 켜지다
- [ ] ~て 書(か)いて ある ~라고 쓰여 있다
- [ ] 提出(ていしゅつ) 제출
- [ ] 手伝(てつだ)う 돕다, 거들다
- [ ] 電気(でんき) 전기
- [ ] ~と 思(おも)う ~라고 생각하다
- [ ] ドア 문
- [ ] 時計(とけい) 시계
- [ ] 所(ところ) 곳
- [ ] 止(と)まる 멈추다, 서다
- [ ] 止(と)める 세우다
- [ ] 何(なに)か 무엇인가
- [ ] 並(なら)ぶ 진열되다
- [ ] 何(なん)て 뭐라고
- [ ] 人形(にんぎょう) 인형
- [ ] パーティー 파티
- [ ] 入(はい)る 들어오다, 들어가다(자동사)
- [ ] 花束(はなたば) 꽃다발
- [ ] 引(ひ)き受(う)ける (책임지고) 맡다
- [ ] プレゼント 선물
- [ ] ペン 펜
- [ ] 報告書(ほうこくしょ) 보고서
- [ ] 保証人(ほしょうにん) 보증인
- [ ] 窓(まど) 창, 창문
- [ ] 見(み)せる (남에게) 보이다
- [ ] 昔(むかし) 옛날
- [ ] わざわざ 일부러

어휘 총정리

12과

- ☐ 赤(あか)ちゃん 갓난아기
- ☐ 足(あし) 발
- ☐ アニメ 애니메이션
- ☐ 押(お)す 밀다
- ☐ お酒(さけ)を やめる 술을 끊다
- ☐ 大人(おとな) 어른
- ☐ 思(おも)い出(で) 추억
- ☐ ~か ~인지
- ☐ 会議室(かいぎしつ) 회의실
- ☐ 会社(かいしゃ)を 辞(や)める 회사를 그만두다
- ☐ 会話(かいわ) 회화
- ☐ 顔色(かおいろ) 안색
- ☐ 噛((か)む 물다
- ☐ 体(からだ)の 調子(ちょうし) 컨디션, 몸의 상태
- ☐ 急(きゅう)に 갑자기
- ☐ 好奇心(こうきしん) 호기심
- ☐ 子供(こども) 아이
- ☐ 最近(さいきん) 최근
- ☐ 誘(さそ)われる 권유받다
- ☐ 三階(さんがい) 3층
- ☐ 散々(さんざん) 몹시, 호되게
- ☐ じっと 가만히, 잠자코
- ☐ 試験(しけん) 시험
- ☐ 叱(しか)る 혼내다
- ☐ 小学生(しょうがくせい) 초등학생
- ☐ 宿題(しゅくだい) 숙제
- ☐ 上司(じょうし) 상사
- ☐ スーツ 양복
- ☐ ~せい ~탓, 때문
- ☐ 成績(せいせき) 성적

- ☐ セーター 스웨터
- ☐ それはそれは 저런 저런
- ☐ ダイエット 다이어트
- ☐ 立(た)たされる 세워지다(立(た)つ의 사역수동형)
- ☐ 建(た)てる 세우다
- ☐ 頼(たの)む 부탁하다
- ☐ たばこを やめる 담배를 끊다
- ☐ 注意(ちゅうい) 주의
- ☐ ~てばかりいる ~하고만 있다
- ☐ どうしたんですか 무슨 일이에요?, 왜 그래요?
- ☐ ドラマ 드라마
- ☐ 特(とく)に 특히
- ☐ なるべく 가능한 한
- ☐ 盗(ぬす)む 훔치다
- ☐ 濡(ぬ)れる 젖다
- ☐ 飲(の)まされる (어쩔 수 없이) 마시다
- ☐ 発表(はっぴょう) 발표
- ☐ 病気(びょうき) 병
- ☐ ビル 빌딩
- ☐ ほめる 칭찬하다
- ☐ 文句(もんく) 불평
- ☐ 野球(やきゅう) 야구
- ☐ 夕(ゆう)ご飯(はん) 저녁밥
- ☐ ~ように ~하도록
- ☐ よく 자주, 잘
- ☐ 来月(らいげつ) 다음 달
- ☐ 廊下(ろうか) 복도
- ☐ ウィスキー 위스키

13과

- ☐ 遊(あそ)べる 놀 수 있다
- ☐ 運動場(うんどうじょう) 운동장

- ☐ 外国語(がいこくご) 외국어
- ☐ 必(かなら)ず 반드시
- ☐ 通(かよ)わせられる (어쩔 수 없이) 다니다
- ☐ 苦労(くろう) 고생
- ☐ こい 와라(来る의 명령형)
- ☐ 字(じ) 글자
- ☐ 習字(しゅうじ) 서예, 습자
- ☐ 週(しゅう)に 2回(にかい) 일주일에 두 번
- ☐ 出張中(しゅっちょうちゅう) 출장 중
- ☐ 大嫌(だいきら)いだ 매우 싫어하다
- ☐ 大統領(だいとうりょう) 대통령
- ☐ 遅刻(ちこく) 지각
- ☐ ちゃんと 제대로, 확실히
- ☐ ～でしょう ～하죠, ～겠죠
- ☐ トイレ 화장실
- ☐ 習(なら)う 배우다
- ☐ 習(なら)わせられる (어쩔 수 없이) 배우다
- ☐ 日記(にっき) 일기
- ☐ 恥(は)ずかしい 부끄럽다, 창피하다
- ☐ ハングル 한글
- ☐ 冬休(ふゆやす)み 겨울 방학, 겨울 휴가
- ☐ 振(ふ)り返(かえ)ってみる 돌아보다
- ☐ 本文(ほんぶん) 본문
- ☐ もっと 더, 좀 더
- ☐ 役(やく)に立(た)つ 도움이 되다
- ☐ 例文(れいぶん) 예문
- ☐ レポートを出(だ)す 리포트를 내다

14과

- ☐ 伺(うかが)う 찾아뵙다
- ☐ 承(うけたまわ)る 듣다, 전해 듣다
- ☐ 奥様(おくさま) 사모님

- ☐ おっしゃる 말씀하시다
- ☐ お邪魔(じゃま)する 방문하다, 폐를 끼치다
- ☐ 少々(しょうしょう)お待(ま)ちください。 잠시 기다려 주십시오.
- ☐ お宅(たく) 댁
- ☐ お名前(なまえ) 이름, 성함
- ☐ お飲(の)み物(もの) 음료, 마실 것
- ☐ お待(ま)たせいたしました 기다리시게 해서 죄송합니다
- ☐ 思(おも)ったよりも 생각보다도
- ☐ ～かどうかわかりません ～인지 어떤지 모릅니다
- ☐ かしこまりました 알겠습니다(주로 손님, 상사에게 씀)
- ☐ 家庭料理(かていりょうり) 가정 요리
- ☐ 口(くち) 입
- ☐ 商事(しょうじ) 상사, 상업에 관한 일
- ☐ ずっと 훨씬
- ☐ 注文(ちゅうもん) 주문
- ☐ ツインルーム 트윈 룸
- ☐ チェックイン 체크인
- ☐ ～てしまう ～해 버리다
- ☐ 手料理(てりょうり) 손수 만든 요리
- ☐ 当日(とうじつ) 당일
- ☐ 泊(と)まる 숙박하다, 머물다
- ☐ ～と申(もう)します ～라고 합니다
- ☐ ～になさいますか ～로 하시겠습니까?
- ☐ 飲(の)みやすい 마시기 쉽다
- ☐ 飲(の)め 마셔 (飲む의 명령형)
- ☐ はじめて 처음
- ☐ 回(まわ)る 돌다, (시간이) 지나다
- ☐ 召(め)し上(あ)がる 드시다 (食(た)べる의 존경어)
- ☐ 利用(りよう) 이용

15과

- ☐ 案内(あんない) 안내

어휘 총정리

- [ ] おかげさまで 덕분에
- [ ] 行(おこな)う 행하다, 실시하다
- [ ] お先(さき)に 먼저
- [ ] かっこいい 멋지다
- [ ] 興味深(きょうみぶか)い 흥미롭다, 매우 흥미롭다
- [ ] クライマックス 클라이맥스
- [ ] ～ごろ ～쯤
- [ ] 今回(こんかい) 이번
- [ ] 最後(さいご) 마지막, 최후
- [ ] 最高(さいこう) 최고
- [ ] 作家(さっか) 작가
- [ ] さっそく 즉시
- [ ] 出版(しゅっぱん) 출판
- [ ] 乗車(じょうしゃ) 승차
- [ ] 小(しょう)テスト 간단한 시험, 쪽지시험
- [ ] 素晴(すばら)しい 훌륭하다
- [ ] 製品(せいひん) 제품
- [ ] 何(なん)と言(い)っても 뭐니 뭐니 해도, 무엇보다도
- [ ] ～の＋ため ～를 위하여
- [ ] 評判(ひょうばん) 평판
- [ ] 不満(ふまん) 불만
- [ ] ほっとする 안심하다
- [ ] もう 이미, 벌써
- [ ] 戻(もど)る 돌아오다
- [ ] やっと 드디어
- [ ] ～ように なる ～하게 되다
- [ ] レストラン 레스토랑

음원 파일 리스트

음원 파일 리스트

Memo

Memo

Memo

Memo

동양북스 채널에서 더 많은 도서
더 많은 이야기를 만나보세요!

 ▶ 유튜브

 ⊙ 인스타그램

 blog 블로그

 포스트

 f 페이스북

 카카오뷰

외국어 출판 45년의 신뢰
외국어 전문 출판 그룹
동양북스가 만드는 책은 다릅니다.

45년의 쉼 없는 노력과 도전으로 책 만들기에 최선을 다해온
동양북스는 오늘도 미래의 가치에 투자하고 있습니다.
대한민국의 내일을 생각하는 도전 정신과 믿음으로 최선을 다하겠습니다.

📖 동양북스